BERNHARD WELTE

DIE WÜRDE DES MENSCHEN UND DIE RELIGION

BERNHARD WELTE

DIE WÜRDE DES MENSCHEN UND DIE RELIGION

Anfrage an die Kirche in unserer Gesellschaft

VERLAG JOSEF KNECHT FRANKFURT AM MAIN

CIP-Kurztitelaufnahme der Deutschen Bibliothek

Welte, Bernhard

Die Würde des Menschen und die Religion: Anfrage an d. Kirche in unserer Gesellschaft. – 1. Aufl., 1.–3. Tsd. – Frankfurt am Main: Knecht, 1977.

ISBN 3-7820-0271-7

1. Auflage 1977. Printed in Germany.
Gesamtherstellung: Wiesbadener Graphische Betriebe GmbH, Wiesbaden

VORWORT

In diesem Vorwort will ich kurz darüber berichten, wie ich auf die Idee dieses kleinen Buches gekommen bin und welches also sein Charakter ist.

Ich ging von der schon fast selbstverständlichen Beobachtung aus, daß die Stellung der Religion und insbesondere unseres Christentums im ganzen unserer Gesellschaft und unserer Kultur in vieler Hinsicht problematisch und kritisch geworden ist. Ich fügte dieser Beobachtung einen Rückblick in die Jahrtausende der Geschichte hinzu. Denn der gegenwärtige Zustand von Religion und Gesellschaft wird um so merkwürdiger, je mehr man bedenkt, daß die Religion durch Jahrtausende unserer Geschichte hindurch eine Selbstverständlichkeit war und daß die geschichtlichen Gesellschaften und Kulturen infolgedessen auch weite Strecken hindurch geradezu identisch waren mit der Religion. Ich fand, man muß sich ernstlich fragen, woher dies kommt.

Dazu trat für mich das Problem der Menschenwürde oder des menschenwürdigen Zustandes unserer Gesellschaft. Dies ist ja in der Tat ein Problem geworden, das zweifellos mit dem zeitgeschichtlichen Stande unserer Kultur zusammenhängt. Sind wir auch stolz auf den hohen Stand unserer Zivilisation, so mehren sich doch auch die Stimmen, die besorgt darauf hinweisen, daß vieles an Menschenwürde verloren gegangen ist oder verloren zu gehen droht. Sieht man nun dieses Problem der menschenwürdigen Gesellschaft zusammen mit dem anderen, nämlich der Stellung der Religion in unserer Gesellschaft und Geschichte, dann entsteht ein ganzer zusammenhängender Fragenkomplex. Diesem Fragenkomplex habe ich jahrelang nachgedacht.

Ich habe mein Nachdenken genährt durch zahlreiche Beobachtungen, die ich im In- und Ausland seit Jahren sammelte. Ich habe mit den so gesammelten Beobachtungen meine fragenden und tastenden Gedanken über Religion und Menschenwürde, Gegenwart und Geschichte verbunden. Aus diesem Zusammenhang von Problemen, Beobachtungen und Gedanken stieg mir allmählich eine neue

Idee auf. Sie wurde wachsend dichter und deutlicher. Sie gestaltete sich schließlich zu einer Theorie aus über den Zusammenhang von Menschenwürde und Religion, Gesellschaft, Kultur und Geschichte. Zur Ausarbeitung dieser Theorie habe ich dann eine Reihe von mir wichtig erscheinenden Untersuchungen herangezogen. Die wichtigsten davon sind in diesem Buch genannt.

Die Theorie, die mir so erwuchs, wage ich im folgenden in einer knappen Skizze vorzulegen, nachdem ich sie zuerst auf den Hochschulwochen in Salzburg vom 5.–7. August 1976 in drei Vorträgen ausgesprochen habe. Aus der Theorie suche ich dann auch praktische Folgerungen abzuleiten für die Aufgabe des Christentums im Raume der heutigen Gesellschaft.

Die Theorie, die also im folgenden ausgebreitet wird, hat zu wesentlichen Teilen den Charakter einer Hypothese. Dies will einerseits sagen, daß ich sie nicht als ein endgültig feststehendes Resultat der Forschung betrachte. Andererseits aber darf ich darauf hinweisen, daß diese hypothetische Theorie sich in allen mir bis jetzt bekannten Fällen bewährt hat und daß ich keinen Fall kenne, der sie widerlegte. Das aber ist nach Karl Popper das, was von einer Theorie verlangt werden muß. Die Theorie leistet aber noch mehr. Sie vermag vieles zu erklären, was im Raum des oben angedeuteten Problemkomplexes in Erscheinung trat und in Erscheinung tritt. Für vieles davon sehe ich keine andere Möglichkeit der Erklärung. Aus der Theorie ergeben sich auch Gesichtspunkte für die Aufgabe der Kirche in der heutigen Gesellschaft und Kultur. Ich bin davon überzeugt, daß wir solche Hypothesen in einem zugleich besonnenen und kühnen Denken wagen müssen, wenn wir einerseits die ganze Breite des anstehenden Problemkreises im Auge behalten und andererseits für das Verständnis dieses Problemkreises ordnende Gesichtspunkte gewinnen wollen und dazu Leitlinien für die mögliche Praxis der Bewältigung der Gegenwart.

Ich wünsche mir für die Theorie, die ich hier ausbreiten will, eine aufmerksame und kritische Diskussion.

Freiburg i. Br., den 22. Dezember 1976

B. Welte

INHALT

Methodische Vorbemerkungen 13

Was die Frühgeschichte lehren kann . . 22

Versuch über den gegenwärtigen Zustand von Religion und Gesellschaft 43

Stellung und Aufgabe der Religion heute im Hinblick auf eine menschenwürdige Gesellschaft 78

Es soll im folgenden über Religion und Gesellschaft nachgedacht werden. Darüber also, welche Stellung, welche Rolle, welche Aufgabe der Religion im Blick auf die Gesellschaft zukommt. Bei der Gesellschaft sei dabei besonders auf deren Menschenwürdigkeit geachtet. Die Menschenwürdigkeit der Gesellschaft wird wohl kaum jemand als etwas einfach Gegebenes auffassen. Sicher aber ist sie etwas, was uns immer aufgegeben ist. Wie verhält sich dann Religion zu dieser immer aufgegebenen Qualität der Gesellschaft?

METHODISCHE VORBEMERKUNGEN

Die Schwierigkeit unseres Themas im ganzen liegt vor allem darin, daß sich kaum mit genügender Genauigkeit sagen läßt, was menschenwürdige Gesellschaft eigentlich ist und worin sie besteht.

Einst wagte man es, den Menschen zu definieren, also in einer Aussage zu fassen, was sein Wesen sei. Die klassischen Autoren des Mittelalters, etwa Thomas von Aquin, definierten den Menschen unter Rückgriff auf Aristoteles als animal rationale, d. h. als das vernunftbegabte oder vernünftige Lebewesen. Vernunft wäre demnach das, was das Wesen des Menschen ausmacht. Und so würde auch in der Vernunft die Würde des Menschen zu suchen sein. Was aber ist Vernunft? Es ist zweifellos richtig zu sagen, das menschenwürdige Leben sei das vernünftige Leben. Allein was ist das Vernünftige? Was ist es vor allem konkret in jenem umfassenden Horizont, den wir

Gesellschaft nennen? Wo Spannungen und Auseinandersetzungen in der Gesellschaft entstehen, hält für gewöhnlich jede Partei ihre Sache für die vernünftige. Und dann wird im Namen der Vernunft gestritten und vielleicht sogar so, daß es nicht mehr menschenwürdig genannt werden kann. Daran aber sieht man, daß die bloße Bestimmung »vernünftig« – so richtig sie sein mag – nicht genügt, um jenes Wesen und jene Würde des Menschen zu bestimmen, aus der wir ableiten könnten, was menschenwürdige Gesellschaft sei. J. P. Sartre hat freilich vorgeschlagen, diesen alten, im Mittelalter lebendigen und auf die Antike zurückgehenden Bestimmungen oder Definitionen gegenüber überhaupt auf jede Definition, d. h. auf jede Wesensbestimmung des Menschen zu verzichten. Der Mensch zeichne sich vielmehr, so sagt der französische Denker, dadurch aus, daß er sich selbst je und immer wieder neu zu bestimmen habe durch den Gebrauch seiner Freiheit. Man kann also nie im Vorhinein sagen, was der Mensch ist und was er in seinem Wesen oder seiner wesentlichen Würde ist. Man kann immer nur im Nachhinein sagen, was der Mensch in seiner Freiheit aus sich gemacht hat.

Wie steht es aber mit der Menschenwürde, auf die ja Sartre gewiß auch nicht verzichten will? Sie bleibt der unbestimmten Freiheit überlassen. Aber ist es dann nicht wieder so, daß dort, wo Menschen mit Menschen in Konflikte kommen, da, wo sie einander zur Hölle werden, wie Sartre ausführte, sich wieder jeder auf seine Freiheit berufen kann? Dann wird, was man Menschenwürde zu nennen geneigt sein mag, gerade zerstört durch den Gebrauch der Freiheit. Also genügt auch diese ganz offene Bestimmung des Menschen nicht, um die Würde des Menschen begrifflich zu fassen. Vielleicht haben die alten Denker mit ihrer Definition einerseits und der neue Denker andererseits beide zwar etwas Richtiges gesehen; vielleicht gibt es wirklich beides im Menschen: das Dauernde seiner Vernünftigkeit, das ihn immer einfordert und das man im Begriff fassen und definieren kann, und auch das stets offene und bewegliche Element seiner Freiheit, das sich nicht in eine Definition fassen und festlegen läßt. Aber weder das eine noch das andere genügt, um wirklich klar zu machen, was man Menschenwürdigkeit nennen darf. Das Menschenwürdige, das, was den wesentlichen Bedürfnissen, Rechten und Ansprüchen der Menschen in ihrem gesellschaftlichen Dasein entspricht, scheint uns immer mehr zu entgleiten, je mehr wir versuchen, mit den großen Denkern der Vergangenheit oder der Gegenwart ihm auf der Spur zu bleiben.

Wie schwierig es ist, das zu sagen, was menschenwürdig ist, darüber kann uns auch ein Blick auf die Geschichte der Menschen belehren. Im Blick auf diese Geschichte nämlich erfährt man, daß die Menschen in ihrem gesellschaftlich-geschichtlichen Dasein tatsächlich immer den ihrer würdigen Zustand dieses Daseins gesucht haben. Dies scheint sogar eine wirkliche Konstante zu sein im unbeständigen Lauf der menschlichen Geschichte. Immer haben die Menschen den ihrer würdigeren, den dem faktischen Zustand gegenüber idealeren Zustand ihrer Geschichte vorausentworfen und aus solchen Vorausentwürfen gelebt und gekämpft, gelitten und gerungen um das ihrer würdigere Dasein. Als leitende Idee jedenfalls erscheint demnach das Menschenwürdige als eine Wirklichkeit des geschichtlichen Lebens.

Die Geschichte belehrt uns in diesem Zusammenhang freilich dann weiter darüber, daß alle Entwürfe des menschenwürdigen Daseins, die entlang dieser Leitlinie entworfen wurden, sich bis jetzt als niemals vollständig erfüllte erwiesen haben. Das Ideal des menschenwürdigen Zustandes ist im ganzen Lauf der Geschichte immer das beständig Gesuchte, aber auch das niemals ganz Gefundene gewesen. Nicht nur im Denken also, auch in der Wirklichkeit der Geschichte erscheint die Menschenwürdigkeit zwar als eine Leitlinie, jedoch als eine solche, die sich niemals ganz einholen und einfangen läßt.

Darum fanden die Menschen an jedem, sei es auch noch so guten geschichtlichen Zustand immer wieder einen Mangel und strebten über diesen Mangel immer wieder hinaus nach dem Menschenwürdigeren. Weder die Pax Augustea in der Antike, noch das mittelalterliche heilige Imperium noch die Französische Revolution mit ihren Idealen brachten einen stabilen Zustand der Menschenwürdigkeit hervor, bei dem die Menschen auf die Dauer hätten stehenbleiben wollen. So wird man die ganze Geschichte der Menschen auffassen dürfen als einen titanischen Versuch, die Menschenwürdigkeit durch Handeln, Kämpfen und Leiden immer neu zu definieren, einen Versuch, der immer wieder über alles Erreichte hinaustreibt und jedes Confinium, jede geschichtliche Definition auch wieder zerreißt und zerbricht. Die Geschichte scheint uns also zu lehren, daß man nach der menschenwürdigeren Gesellschaft zwar immer fragen muß, daß man diese sich ständig erneuernde Frage aber niemals ganz und endgültig beantworten kann.

Diesem Befund entspricht das Prinzip der negativen Dialektik, wie es vor allem Adorno entworfen hat [1]. Diesem Prinzip gemäß kann und muß man immer sagen, was nicht gut ist und nicht menschenwürdig am jeweiligen Zustand der menschlichen Gesellschaft, das Negative also, und dies als Antrieb zum verändernden Handeln. Aber man kann nicht positiv den idealen Zustand der menschlichen Gesellschaft definieren. Der Versuch dazu – so scheint es – ergäbe bestenfalls eine Tyrannei des Guten, die als Tyrannei auch wieder nicht menschenwürdig wäre.

Ist das Menschenwürdige, wie die Geschichte zu lehren scheint, nur das immer Ge-

[1] Vgl. Th. W. Adorno, Negative Dialektik, Frankfurt 1966, bes. S. 135ff.

suchte, doch das nie Gefundene, ist es das, dem man sich nur durch dialektische Negation des Wirklichen, das ja nie das ganz Menschenwürdige ist, annähern kann, ohne es jemals im Begriff positiv zu erreichen, dann bleibt freilich die Frage, was es nun eigentlich ist. Ist die niemals findende Suche richtungslos oder hat sie nicht doch ein positives Ziel und Grade der Annäherung daran? Und ist es dann nicht doch notwendig und von der Sache her angezeigt, dieses positive Ziel der Menschenwürdigkeit aus den Annäherungen zu rekonstruieren in aller Offenheit, die die Gefahr der Tyrannei des Guten samt deren Fixierungen vermeidbar machte? Und was die negative Dialektik angeht: Wird sie schließlich nicht in die Gefahr kommen, sich in haltloser und zuletzt bloß noch destruierender Negativität zu verlieren, sofern es der Vernunft nicht gelingt, das Positive, das in allem Negativen versteckt ist, hervorzuholen und zu nennen, als richtunggebendes und befreiendes Ideal, doch nicht als Zwang und Fessel? Wir gehen im folgenden von dieser Voraussetzung aus, dieses Positive sei möglich und angezeigt. Und zwar wollen wir dieses Ziel so zu erreichen suchen, daß wir zunächst die tatsächlichen

Bewegungen der Geschichte betrachten und die Gestalten, die diese hervorgebracht haben und weiter hervorbringen. Wir wollen das Tatsächliche betrachten mit dem Ziel, daran die der Geschichte immanente Theorie abzulesen, die bestimmte Idee der Würde des Menschen.

Wir werden also versuchen, eine Art positiver Philosophie – ungefähr im Sinne des späten Schelling – zu machen, d. h. von den positiven Tatsachen der Geschichte der menschlichen Gesellschaft ausgehen. Allerdings nicht, um diese Tatsachen nur positivistisch aufzusammeln, vielmehr um den Versuch zu machen, diese Tatsachen als einen sinnvollen Zusammenhang zu deuten. Schon die Tatsachen selber bedürfen der Deutung, um in ihrem Sinn aufzuleuchten. Und mehr noch der Gesamtzusammenhang. Um einer solchen Deutung und einen solchen Zusammenhang zu erreichen, müssen wir mit Hypothesen arbeiten, die sich an den Tatsachen bewähren sollen. Aus einer solchen Deutung versuchen wir dann ein Urteil darüber zu gewinnen, was die Geschichte uns selber über die Idee der menschenwürdigen Gesellschaft lehren kann. Dabei wird uns das weitere, auf das es uns hier ankommt, sozusagen dazugegeben werden: Aus dem Bedenken der Geschichte und aus den Versuchen ihrer Deutung läßt sich auch ablesen, wie sich die geschichtlichen Gesellschaften zur Religion verhalten haben und noch verhalten und wie die konkreten Ideen der Menschenwürde, die wir aus der Geschichte erheben wollen, sich ihrerseits zur Religion verhalten.

Wir werden dieses Vorhaben sinnvoll nur so durchführen können, daß wir die Geschichte der Menschen im weitesten erreichbaren Horizont betrachten. In einer solchen denkenden Betrachtung der Geschichte der menschlichen Gesellschaft und der Religion suchen wir in den beiden folgenden Abschnitten eine Theorie zu finden über eben diesen Zusammenhang, und aus dieser Theorie suchen wir dann im vierten und letzten Abschnitt Konsequenzen zu ziehen für die Stellung und die Aufgabe der Religion in der gegenwärtigen Gesellschaft.

WAS DIE FRÜHGESCHICHTE LEHREN KANN

Wir werden also zunächst die menschlichen Gesellschaften im weiten Horizont ihrer Geschichte betrachten. Dazu rechnen wir insbesondere die Ur- und Frühgeschichte und ihre langen Zeiträume. Und wir achten dabei besonders auf die Stellung der Religion in diesen geschichtlichen Gesellschaften und ihrer langen Geschichte. Vielleicht können wir auch etwas daraus lernen über das, was die Menschen als menschenwürdig betrachtet haben.

Wir haben wenigstens angenähert deutbare Spuren der menschlichen Gesellschaft sicher seit dem Neolithikum, das heißt seit ungefähr zehntausend Jahren. Und vielleicht müssen wir auch noch das Spätpaläolithikum hinzurechnen und kommen dann auf noch viel größere Zeiträume.

Seit diesen langen frühen Zeiten haben wir auch Spuren dafür, daß die damals lebenden Gesellschaften durch Verehrung göttlicher

Wesenheiten bestimmt waren oder durch Religion. Soweit wir die Zeichen deuten können, zeigen sie uns mit wachsender Deutlichkeit eine Identität von gesellschaftlichem und religiösem Leben. Mit wachsender Deutlichkeit erscheinen auch in der fortschreitenden Geschichte der Menschen bestimmte Züge, die man als archaisch bezeichnen kann. Dazu gehören Mythen und Rituale und viele Bestimmungen über Zeiten und Feste und über das ganze gesellschaftliche Leben der Stämme. Es erscheint eine typisch geprägte und das Ganze des Lebens durchdringende und umfassende Ordnung. Sie besteht seit den ältesten Zeiten und lebt in vielen sogenannten primitiven Stämmen bis heute und reicht auch in unsere Spätkultur bis nahe an unsere Neuzeit heran.

Diese Ordnung, die wir hier umfassend wahrzunehmen glauben, verzweigt sich im Laufe einer vieltausendjährigen Geschichte und über die weitesten Räume der Erde hin in viele Varianten. Das Merkwürdige dabei erscheint aber, daß ein Grundmuster gesellschaftlich-kulturellen und zugleich religiösen Lebens sichtbar wird, das mit seinen wesentlichen Momenten bei allen Völkern der Erde wiederkehrt und sich über viele Jahrtausende der menschlichen Geschichte durchgehalten hat. Es konnte darum schon von L. Lévy-Bruhl als mentalité primitive beschrieben werden [2]. G. van der Leeuw hat später den Begriff unter Modifikation seiner Anwendung neu aufgenommen [3]. Seither ist das, was dieser Begriff beschreiben will, im Blickfeld der Religionsgeschichte und der Völkerkunde geblieben.

Diese Mentalität hat während vermutlich mehr als zehntausend Jahren Gesellschaft und Kultur der Menschen geformt.

Zwar wird auch in diesen Gesellschaften in einer Art negativer Dialektik das Unvollkommene immer wieder als solches wahrgenommen und zu überwinden gesucht. Aber es ist dann doch erstaunlich zu sehen, daß diese Suche innerhalb eines Rahmens bleibt, der seinerseits eine hohe Konstanz über weite Räume und Zeiten aufweist.

Allerdings muß dem dann hinzugefügt werden, daß seit wenigen hundert Jahren sich

[2] L. Lévy-Bruhl, La mentalité primitive, presses universitaires de France, 1. Aufl. 1922.

[3] G. van der Leeuw, L'homme primitif et la religion, presses universitaires de France 1940.

mit der Geschichte der Menschen etwas Grundlegendes geändert hat. Dies führte dazu, daß Religion und Gesellschaft sich trennten, daß die Welt weltlich wurde und die Religion in ihr einen Sonderbereich darzustellen begann; das führte auch dazu, daß in einem rasch sich steigernden Prozeß die Religion in der führenden und ins Auge fallenden Schicht der Gesellschaft immer weniger hervortrat und eher zu verschwinden schien als das in dieser neuen Welt nicht mehr Wichtige. Der Vorgang hat, wenn wir recht sehen, Wurzeln, die in der Antike und ihren Formen rationaler Aufklärung liegen. Er tritt in der europäischen Geschichte mit einem mächtigen Schub ins Offene im Aufbruch der Renaissance, er konsolidiert sich in der Zeit der Aufklärung, und er greift weltweit um sich im 19. und in unserem 20. Jahrhundert. Zehntausend Jahre und mehr alter Kultur stehen fünfhundert Jahren oder vielleicht auch nur 200 Jahren einer ganz anderen Zeit und Welt und Kultur gegenüber. Wir haben angefangen, etwas ganz Neues, sozusagen die große Ausnahme hervorzubringen auf dem Hintergrund einer ungeheuren, alten, großen Kulturkontinuität.

Erst in dieser neuen Zeit nimmt die negative Dialektik jene scharfen Formen an, die für unser Bewußtsein kennzeichnend geworden sind. Die Möglichkeit, aus der Geschichte selber das von ihr hervorgebrachte Ideal einer menschenwürdigen Gesellschaft ablesen zu können, muß sich mit dieser Änderung selber grundsätzlich modifizieren.

Man kann die Geschichte verschieden einteilen. Aber es zeigt sich – wie mir scheint – immer mehr, daß die zugleich umfassendste und am tiefsten reichende Einteilung die ist, die etwa Arnold Gehlen mit dem Titel vorgeschlagen hat: »Urmensch und Spätkultur.«[4] Dabei muß man sich klarmachen, daß das, was hier Urmensch genannt wird, einen ungeheuren geschichtlichen Raum umfaßt, die Spätkultur hingegen aber gleichsam nur die letzten Tage dieses großen Zeitraums betrifft.

Auch ist es kennzeichnend, daß die sich so andeutende Einteilung in Urmenschentum und Spätkultur als Einteilung der menschlichen Gesellschaft uns auch bei Psychiatern begegnet. So lesen wir bei C. G. Jung: »Ehe die Menschen lernten, Gedanken zu produ-

[4] 3. Aufl. Frankfurt 1975.

zieren, kamen die Gedanken zu ihnen[5]. Das Ehemalige dieses zitierten Satzes ist das, was Gehlen Urmensch nennt, das ungeheure ältere Menschentum. Es liegt vor dem modernen Menschentum, in dem die Menschen lernten, wie C. G. Jung sagt, Gedanken selber zu produzieren. So erscheint hier das eine und das andere der ganzen Menschengeschichte.

Vor dieser Unterscheidung in Urmensch und Spätkultur müssen alle anderen Unterscheidungen zurücktreten und als sekundär erscheinen.

Hat man dies einmal gesehen, dann erkennt man darin das – wie mir scheint – einzig wirklich große Problem der menschlichen Geschichte. Und insbesondere dann, wenn man nach der Stellung der Religion in dieser menschlichen Gesellschaft und Geschichte fragt, wie wir es hier tun wollen. Dann müssen wir zunächst und vor allem danach fragen: Wie kommt es, daß mehr als zehntausend Jahre lang die menschliche Gesellschaft wie selbstverständlich religiös verfaßt war und daß wir seit zweihundert oder fünfhundert

[5] C. G. Jung, Zur Psychologie westlicher und östlicher Religionen, in: Gesammelte Werke, 11. Band, Olten und Freiburg 2. Aufl. 1973, S. 59.

Jahren dies nicht mehr sind? Auf diesem Hintergrund muß gefragt werden nach der Stellung der Religion in unserer heutigen Gesellschaft. Auf diesem Hintergrund muß auch neu gefragt werden, was menschenwürdige Gesellschaft heißen soll.

Wir wollen deshalb zuerst die Verfassung der alten Gesellschaften einigermaßen zu begreifen suchen und dies nicht nur aus einem historischen Interesse, vielmehr zu dem Zweck, unsere eigene Position besser verstehen zu lernen. Zumal da sich zeigen wird, daß die alte gesellschaftlich-religiöse Verfassung nicht nur bei den sogenannten primitiven Völkern bis heute lebendig ist, sondern darüber hinaus, daß sie als zumeist verborgenes Substrat auch unsere entwickelte moderne Gesellschaft noch bestimmt.

Ich schlage zu diesem Zweck vor, so vorzugehen, daß wir an einem ausgezeichneten Modell diese Verfassung studieren und wenigstens kurz umreißen wollen, um dieses Modell dann zu erweitern und Konsequenzen daraus zu ziehen.

Ich weise dazu als Beispiel auf den schwarzafrikanischen Stamm der Dogon hin, dessen Gebräuche und Traditionen Marcel Griaule in einem einzigartigen dokumentarischen Bericht zugänglich gemacht hat[6]. Das Lebensganze, das uns dort geschildert wird, zeigt einen für uns erstaunlich hohen Grad humaner Integration. Mit der Formulierung »humane Integration« möchte ich das mir charakteristisch Erscheinende dieser Kultur einigermaßen auf den Begriff bringen. Es soll damit ein Zustand einer menschlichen Gesellschaft bezeichnet werden, in dem alle Lebenssphären, die zum Menschen gehören, voll entfaltet und untereinander zu einem sinnvollen, bergenden und befreienden Ganzen verbunden sind.

Nennen wir im Blick auf den Bericht von Marcel Griaule die wichtigsten menschlichen Lebenssphären, deren Entfaltung und Integration man hier beobachten kann.

Die erste Sphäre, die hier geschildert wird, ist die, die den Menschen mit der Natur verbindet, mit Himmel und Erde, mit den himmlischen Lichtern und Befruchtungen, die von oben herabsteigen, und mit der Fruchtbarkeit der irdischen Pflanzen und Tiere und

[6] Dieu de l'eau, Paris 2. Aufl. 1966. Deutsche Ausg. Freiburg 1970 unter dem Titel »Schwarze Genesis«. Vgl. Verfasser: Zeit und Geheimnis, Freiburg–Basel–Wien 1975, S. 65ff und S. 69ff.

schließlich auch des Menschen, die von unten aufsteigt. Allem diesem sind jene Menschen geöffnet, und es ist charakteristisch, daß aus alledem für sie lebendige und gar göttliche Mächte und Geister sprechen. Die Menschen ihrerseits scheinen vertraut zu sein mit den Mächten und Geistern, die in den Horizonten der Natur sich zeigen. Sie wissen auf ihre Weisungen zu hören und mit ihnen umzugehen. Daraus erwächst solchen Menschen eine für unser Verständnis außerordentlich große Vertrautheit mit dem ganzen Kreis der Natur, ein vertrautes Wissen darum, was in diesem Bereich gut oder nicht gut ist im Hinblick darauf, daß der ganze Lebenskreis, der Menschen und Natur verbindet, gut gedeihe.

Die Sphäre von Mensch und Natur ihrerseits ist in diesem Bericht über die Dogon umfangen und durchdrungen von einer anderen Sphäre, die die Menschen untereinander verbindet. Dazu gehören grundlegend die Beziehungen zwischen Mann und Frau. Die Entfaltung der Kraft des Geschlechtes findet sich in diesem Bericht im ganzen des Lebens klar und sinnvoll geregelt. Ebenso das darauf aufbauende Verhältnis der Generationen zueinander. Die Kinder haben ihre freie Ordnung im Gesamtleben, in der Jugendweihe werden sie mit den Geheimnissen des vollen Lebens vertraut gemacht und so in die Ordnung der Erwachsenen eingefügt. Die Alten haben ihre natürliche Würde und ihr Ansehen und sind darin konstitutiv für das Leben des Ganzen.

Und auch daraus sprechen überall göttliche Stimmen.

Da findet sich endlich, das Ganze vollendend und noch einmal durchdringend und umfangend, die Sphäre, die das Leben mit dem Tod verbindet. Die weiße Totenmaske spielt sowohl bei den Initiationsfeiern wie bei den übrigen Stammesfeiern eine entscheidende Rolle. Mit ihr ist der Tod im ganzen des Lebens gegenwärtig und mit dem Tod die Toten. Auch sie sind den Lebendigen beständig gegenwärtig, freundlich und bisweilen auch drohend, und ohne sie kann das Leben nicht ganz sein.

Aus alledem spricht für die Menschen unsterbliches und zuhöchst göttliches Leben. Es erscheint zunächst in einer Vielfalt von Gestalten, aber oft auch in der Ahnung einer höchsten Einheit des Vielgestaltigen. Und die Menschen wissen dieses Göttliche zu ehren und anzurufen. In diesem Sinne ist bei solchen

Menschen alles erfüllt von Religion, und Religion ist niemals eine Sonderveranstaltung neben den anderen.

Alle Sphären durchdringen sich wechselseitig, jede weist auf das Ganze und alle bilden ein reich differenziertes lebendiges Ganzes. Und dieses Ganze ist in allem einzelnen gegenwärtig, und es ist offenbar, daß es nicht ein Ganzes sein kann, wenn es nicht Himmel und Erde umfaßt, Lebende und Tote, Sterbliche und Unsterbliche, Immanenz und Transzendenz. Und so ist dieses Ganze Religion, wie es auch alles einzelne ist, was ein solches Leben an Gestalten hervorbringt.

Eine so beschaffene Kultur bringt als besonders eigentümlichen Zug das Heimische der Heimat hervor. Denn das Ganze der Gestalten des Lebens ist dann eine bergende Ordnung, in die Menschen gerne und frei gehören. Die Stimmen und Gestalten dieser Welt sind ihnen vertraut, und die Menschen vermögen ihnen Antwort zu geben. Das Heimische eines solchen Lebensganzen kann dann so stark und weitreichend sein, daß es auch das Unheimliche umfängt und die Menschen lehrt, mit ihm angemessenen Umgang zu haben.

Man muß sich fragen, wie eine solche Welt und Gesellschaft entstehen konnte. Sie entstand sicher nicht aus einem rationalen Plan und als künstliches Gemächte. Viel eher aus dem Vernehmen des Zuspruchs, gar des göttlichen Zuspruchs aus den Bereichen von Himmel und Erde und von Lebenden und Toten und aus dem antwortenden Bergen solches Zuspruchs im eigenen Brauch. Darum erscheinen solche Kulturen auch wie gewachsen und nicht wie gemacht. Sie treten auf ihre eigene Weise aus ihrem eigenen Ursprung ins Offene. Darum konnte C. G. Jung sagen: »Ehe die Menschen lernten, Gedanken zu produzieren, kamen die Gedanken zu ihnen.«[7] Die Zusprüche von Himmel und Erde, von Lebenden und Toten kamen in mächtigen und mythischen Bildern und Worten zu den Menschen.

Was haben solche Ordnungen für einen Sinn? Sie behüten die Menschen vor ihrer eigenen Unsicherheit und Instinktschwäche, worauf vor allem Arnold Gehlen hingewiesen

[7] C. G. Jung, Zur Psychologie westlicher und östlicher Religionen, in: Gesammelte Werke, 11. Band, Olten und Freiburg, 2. Auflage 1973, S. 49.

hat[8]. Aber da ist noch viel mehr. Solche Ordnungen behüten nicht nur. Sie machen vielmehr in sich selber eine große und sinnvolle Gestalt des Lebens aus. Sie durchleuchten und beleben und konstituieren so das sinnvolle Leben einer menschlichen Gesellschaft.

Läßt sich ein solches Modell, das wir zunächst nach dem Bericht von Marcel Griaule am Stamme der Dogon abgelesen haben, verallgemeinern? Ist es bei anderen Gesellschaften älteren Typs ähnlich? Haben wir hier nicht vielleicht ein besonders ausgezeichnetes Bild vieler oder gar aller älteren Kulturen seit den ungeheuren Zeiten der Vor- und Frühgeschichte vor uns?

Tatsächlich treffen wir in allen Gesellschaften älteren Typs über die ganze Erde hin und durch die Länge der Jahrtausende ähnliche Bildungen. Es erscheint in der Grundstruktur, wenn auch freilich nicht in den einzelnen Ausformungen, eine außerordentliche Konstanz in dem, was man mit Lévy-Bruhl mentalité primitive nennen kann, allerdings mit einer großen Variationsbreite hinsichtlich

[8] Arnold Gehlen, Urmensch und Spätkultur, Frankfurt/M. 3. Auflage 1975.

der Organisationshöhe wie auch hinsichtlich der Vollkommenheit in der Durchbildung.

Die Kontinuität und Beständigkeit des ursprünglichen Bestandes an religiösen Symbolen zeigt sich u. a. auch darin, daß Symbole in weltweiter Verbreitung und in homologer Bedeutung studiert werden konnten, wie dies etwa vor allem Mircea Eliade getan hat[9]. In diesem Zusammenhang muß auch auf die Archetypen von C. G. Jung hingewiesen werden. Auch sie hätten noch nicht einmal entworfen werden können, wenn sich nicht eine umfassende Kontinuität und Beständigkeit des Grundbestandes an religiösen Symbolen einschließlich ihres Zusammenhangs finden würde.

Diese Konstanz der Grundformen der Kultur gilt insbesondere für das Verhältnis von Religion und Gesellschaft. Selbst eine so wichtige »Kulturschwelle« wie der Übergang von Polytheismus zu Monotheismus bricht die Konstanz m. E. nicht wirklich, eine Schwelle, die Arnold Gehlen so stark betont

[9] Mircea Eliade, Die Religionen und das Heilige. Elemente der Religionsgeschichte, deutsche Übersetzung, Salzburg 1974.

hat[10]. Denn in den meisten Religionen, die wir polytheistisch nennen, finden sich Spuren eines Monotheismus. Und in den meisten monotheistischen Religionen – auch den modernen – finden wir, besonders wenn wir auf die wirklich gelebte Volksfrömmigkeit sehen, Spuren einer Vielfalt von Verehrungen. So scheint mir auch hier die Grundstruktur konstant zu bleiben, bei freilich sehr bedeutenden Variationen in der Ausbildung der geschichtlichen Gestalten.

Wie läßt sich diese ungeheure Konstanz erklären? Man darf dafür die Hypothese entwerfen, daß dem Menschen von seinem ersten im Geheimnis ruhenden Ursprung an ein integratives Potential auf seinen Weg mitgegeben wurde. Zu ihm werden sowohl die biologischen Radikale als auch die Mythologeme gehören, wie sie Rudolf Bilz als Archaismen namhaft gemacht hat[11]. Zu diesem integrativen Potential gehört offenbar besonders die Anlage zu religiösen Vorstellungen und Gedanken samt der Fähigkeit, diese bildhaft auszudrücken und den daraus erwachsenden

[10] In dem Buch Urmensch und Spätkultur, Frankfurt/M. 3. Aufl. 1975.

[11] Vgl. FAZ 23.6.76 Nr. 134 S. I.

Beziehungen in rituellen Formen Ausdruck zu geben. Und ebenso darf man denken, daß zu diesem integrativen Potential die Fähigkeit gehört, aus den vielen Elementen des Lebens ein sinnvolles Ganzes zu machen, in dem der Mensch heimisch sein kann.

Dieses integrative Potential, das ich aus der Konstanz der Erscheinungen von Gesellschaft und Religion postuliere, realisiert sich dann freilich in sehr unterschiedlichen Weisen. Neben einfachen, räumlich begrenzten Kulturen treten weithin wirkende Hochkulturen auf, in denen das integrative Potential mächtige und wirksame Formen des Lebens entfacht. Neben relativ sehr vollkommenen Formen wie die, die wir betrachtet haben, treten weniger vollkommene und auch verzerrte auf. Immer wieder zeigen sich in der Tat Unvollkommenheiten und Defizienzen, teils von innen und teils von außen, Herausforderungen, die den Menschen dazu aufrufen, sich nach der höheren Vollkommenheit auszustrecken.

Aber immer wieder erscheint doch die Grundstruktur, die aus dem integrativen Potential hervorgeht, und das ideale Bild des vollen und heimischen Lebens, das von diesem Potential vorausentworfen wird und das dann freilich unter einigem Verlust an Idealität realisiert werden muß.

Diese Überlegung kann jedenfalls sowohl die große Konstanz der gesellschaftlich-religiösen Erscheinungen durch die ältere Geschichte hin genügend erklären wie andererseits auch die Breite der Variationen, die wir bemerken. Das integrative Potential scheint in der Grundrichtung seiner selber sehr sicher zu sein, aber nicht ebenso sicher in der Fähigkeit, sich zu realisieren und die Herausforderungen, die sich im Laufe der Gesellschaft ergeben, angemessen zu beantworten.

Aus dieser Überlegung ergibt sich dann als Folgerung eine erste Einsicht in das, was man menschenwürdige Gesellschaft nennen kann. Eine Einsicht, die wir nicht frei entworfen haben, sondern die wir den Äußerungen der menschlichen Natur in ihrem gesellschaftlichen Leben entnehmen, dem insbesondere, was wir das integrative Potential genannt haben. Wenn wir recht sehen, so entwirft dieses Potential selber immer wieder das dem Menschen würdige Leben. Es ist das, in dem alle Sphären des Lebens voll entfaltet sind, Himmel und Erde, Mann und Frau, Eltern und Kinder, Lebende und Tote, Immanenz und

Transzendenz, und in dem die Vielfalt dieser Dimensionen und Sphären zu einem lebendigen und heimatgewährenden Ganzen verbunden ist. Und in dem aus alledem göttliches Leben leuchtet und spricht. Darum sind, wo dieses Potential auch nur einigermaßen realisiert erscheint, immer auch Religion und Gesellschaft zu einer Einheit verbunden.

Damit haben wir über alle negative Dialektik hinaus eine erste positive Idee, die der Natur und der Geschichte selbst zu entspringen scheint und den möglichen Gestalten des Lebens eine natürliche Ausrichtung gibt.

Allerdings muß dem nun das Erstaunliche hinzugefügt werden, daß die so entworfenen Bestimmungen für sich selber und fürs Ganze doch nicht vollständig zu genügen scheinen, obwohl sie über viele Jahrtausende und die von ihnen umschlossenen Schicksale den Menschen bewahrten und ihm genügten. Aber die Entwicklung der Geschichte kam einmal an das Ende auch dieser großen konstanten Lebensform. Nach einer langen geschichtlichen Zeit scheint sich gezeigt zu haben, daß die genannten Lebensformen, auch wo sie zur relativ hohen Vollkommenheit entwickelt sind, doch auch ihre Grenzen haben.

Vielleicht ist das schon in den Grundverhältnissen angelegt. Die Lebensformen, die wir hier umschrieben haben, sind fast immer erkauft mit einem begrenzten Stand der sozioökonomischen Entwicklung in überblickbaren Dorf- und Stammesgemeinschaften mit begrenzten Freiheitsräumen und kurzen Lebenserwartungen, mit doch recht hoher Anfälligkeit für elementare Gefahren und also mit einem im ganzen geringen Sicherheitsgrad. Es scheint, daß diese Lebensform zwar außerordentlich vieles bestehen kann und darum Jahrtausende überdauern konnte. Aber hat nicht vielleicht das Leben in Natur und Geschichte doch schließlich Erfahrungen und Herausforderungen bereitgehalten, denen der Mensch auch mit dieser sonst so außerordentlich beständigen Lebensform allein nicht mehr glaubte bestehen zu können?

Und scheint es nicht, daß auch im Herzen der Menschen selber noch Kräfte und Antriebe ruhten und ruhen, die, wenn sie nach vieltausendjährigem Schweigen und Ruhen erst einmal aufgebrochen sind, die ganze bisherige Geschichte in eine neue Bahn treiben können? Viele Male in der langen Geschichte der Menschen hat sich das nach Toynbee zu benennende Spiel von challenge and response wiederholt. Es hat Völker hochgehoben und andere in der Sphäre geringerer Bedeutung gelassen. Aber es scheint, daß nach dem Ende einer langen Zeit eine ganz außerordentliche Herausforderung entstanden ist, die mit allen bisherigen nicht ohne weiteres zu vergleichen ist. Und diese Situation mußte gleichermaßen von außen wie von innen die geschichtliche Gesellschaft in eine ganz neue Form revolutionär überführen und das, was so lange wie die Natur selber erschienen war, zurückstekken. Damit aber muß sich die Idee der Menschenwürdigkeit, die wir zunächst aus der großen Konstanz des integrativen Potentials abgelesen haben, doch noch einmal modifizieren.

In der Tat ist in unseren Tagen so etwas geschehen, und es geschieht weiter. Und also muß neu gefragt werden: Was geschieht dann mit der uralten Ordnung von Gesellschaft und Religion? Geht sie einfach unter oder verwandelt sie sich? Und wenn ja, wie? Und es muß weiter gefragt werden: Was geschieht dann mit dieser aus der alten Ordnung hervorgehenden ersten Bestimmung eines menschenwürdigen Daseins und seinem Verhältnis zur

Religion, wenn alles sich dermaßen ändern kann und geändert hat? Diesen uns bedrängenden Fragen müssen wir im folgenden nachgehen. Wir können es auf eine angemessene Weise meiner Überzeugung nach nur auf dem Hintergrund der Dinge und Probleme, die wir hier erörtert haben.

VERSUCH ÜBER DEN GEGENWÄRTIGEN ZUSTAND VON RELIGION UND GESELLSCHAFT

Wir haben eine lange und große Frühgeschichte betrachtet, in der Religion und Gesellschaft zu einer Einheit verbunden waren und in der es schien und noch scheint, als entspreche diese Einheit schlechthin der Natur des Menschen. Und doch ist schließlich die große Veränderung eingetreten, die auch unsere Gegenwart und die absehbare Zukunft bestimmt. Religion und Gesellschaft sind auseinandergetreten, sie haben sich großenteils voneinander entfremdet, und der Einfluß von Religion auf die Gesellschaft scheint nur noch gering zu sein und weiter abzunehmen. August Comte scheint recht bekommen zu haben und weiter recht zu bekommen von der neueren Geschichte: Den langen Zeitaltern der Religion und dann der Metaphysik folgte in unseren Tagen das Zeitalter der positiven Wissenschaft, und Religion und Metaphysik blieben zurück.

Wie ist dieser Vorgang zu erklären, dessen ungeheure Tragweite uns die große Geschichte der Religion vor Augen führen kann? Und wie kann man den gegenwärtigen Zustand in einer gründlich säkularisierten Welt deuten? Das sind nun dringende Fragen. Versuchen wir auf dem Hintergrund des bisher Erwogenen eine erklärende Deutung zur Analyse des gegenwärtigen Zustandes von Religion und Gesellschaft.

Seit den Tagen Galileis und Descartes ist ein geschichtlicher Prozeß von größter Tragweite aufgetreten, aus wahrscheinlich schon in der Antike liegenden Ansätzen. Man kann ihn vielleicht wie folgt charakterisieren:

Der Mensch ist neu hervorgetreten in einer spezifischen Form von Autonomie und damit in einer spezifischen Form einer neuen Freiheit. Er hat sich aus den Bindungen der älteren umgreifenden Welt fortschreitend gelöst und ist mehr und mehr und auf eine ganz besondere Weise er selbst geworden. Damit löste er sich von dem uralten Ordnungsgefüge, das wir betrachtet haben, und wenn er dieses Gefüge nicht gleich zerstörte, so trat er ihm doch mit einer neuen Art von Selbständigkeit gegenüber. Oder, um es noch einmal mit

C. G. Jung zu sagen: Er ließ sich die Gedanken nicht mehr einfach geben, er fing an, sie mehr und mehr selber zu machen.

Damit mußte sich das Verhältnis zur Welt und Natur grundlegend ändern, und mit dieser Änderung änderten sich dann auch Welt und Natur selber. Das Gehör der Menschen auf den Zuspruch, gar den göttlichen Zuspruch aus den Gestalten der Welt und der Natur mußte mehr und mehr versiegen. Und mehr und mehr mußte der autonom werdende Mensch sich daran machen, mit den von ihm selbst gemachten Gedanken Welt und Natur zu begreifen. Der Mensch fing an – so kann man sagen – rechnende und planende Vernunft zu werden und die Welt infolgedessen unter dem Gesichtspunkt ihrer Berechenbarkeit und Planbarkeit zu betrachten. Die moderne Rationalität mußte entstehen und wachsen und sich über die ganze Welt ausbreiten. Die rationale, d. h. rechnende und planende Vernunft übernahm immer ausschließlicher die Gestaltung der menschlichen Zivilisation, der menschlichen Gesellschaft, der menschlichen Welt. Dies brachte es mit sich, daß der Zusammenhang, das Ganze der Stimmen unserer Welt, das ehedem in so großen Gestalten mächtig leuchtete, unter Menschen verblaßte und zurücktrat vor der Menge der neu faßbaren Einzelheiten. Der Mensch selbst mußte sich zum Individuum isolieren und aus seinen alten Bindungen lösen. Die Gedanken und die Kräfte, die nun ins Spiel kamen, faßten das Menschliche auf eine allerdings ausgezeichnete Möglichkeit zusammen. Diese war aber nicht das Ganze der Potentiale, die dem Menschen auf seinem Weg mitgegeben sind.

Im Zusammenhang mit diesen Veränderungen mußte das Göttliche Gottes und die Symbole und Riten, die dem göttlichen Gott in der großen alten Welt zuwuchsen, aus der Aufmerksamkeit der Menschen zurücktreten. Gott wurde zwar nicht gleich geleugnet und sein Andenken nicht gleich zerstört, aber der Prozeß seiner zunehmenden Ausscheidung aus der neuen Welt des rationalen und weithin verfügenden Menschentums war in Gang gekommen und anscheinend nicht mehr aufzuhalten, und damit die gründlichste und erstaunlichste Umgestaltung der alten Menschenwelt.

Auch der Begriff der Kultur veränderte sich völlig. Bedeutete cultura einst mit Vorzug die hegende Pflege von Pflanzen und Tieren zum Wohle der wohlgebildeten Menschen und unter dem Schein des Göttlichen, so bedeutet dieses Wort nun mit Vorzug die rationale Wissenschaft, und Wissenschaft wieder mit Vorzug des Unlebendigen und eben darum Verfügbaren wie Physik und Chemie oder jene Wissenschaft des Lebendigen wie die Biologie, die dieses Lebendige wie ein Unlebendiges betrachtet, nämlich von seiner physikalisch-chemischen Konstruktion her. Und das, was man sonst noch Kultur nennt, liegt gleichsam als eine Randverzierung unintegriert nebendran.

Es gehört zu dieser unermeßlich schicksalvollen Autonomisierung und Rationalisierung des neuen Menschen, daß sich dieser neue Mensch der Tendenz nach mehr und mehr für das Ganze des menschlichen Daseins als zuständig erklärte, obwohl nicht das Ganze als ein wirkliches Potential des Menschen ins Spiel gebracht wurde, vielmehr nur eine hochspezifische Ausnahme. Und auch obwohl die neue Tendenz sowohl die Menschen wie die Welt der Menschen in vieler Hinsicht vereinzelt und das Ganze eher aus dem Blick kam. Die rationale Wissenschaft und die ihr folgende Technik wurden mit der neuen Zeit immer mehr allein zuständig nicht nur für die Natur, sondern auch für den Menschen, für seinen Leib, für seine Psyche, für die Formen seines gesellschaftlichen Zusammenlebens, für alles. Und was etwa außerhalb dieser modernen Rationalität liegt, wie zum Beispiel der Tod und die Toten oder gar das Göttliche und Gott, das scheint nicht mehr zu zählen. Der moderne, autonome, alles berechnende und planende Mensch scheint immer mehr wirklich alles und das Ganze geworden zu sein.

Man muß sich fragen, woraus dieses so erstaunliche neue Menschentum und mit ihm diese neue Welt erwachsen sind. Je mehr man sich in diese bedrängende Frage vertieft, desto mehr erkennt man, daß sie nicht beantwortbar ist von der Ebene jener Rationalität aus, die in ihrem Zuge hervorgebracht wurde. Es ist vielmehr wie ein Geschick, das aus geheimnisvollen Gründen über die Menschen und ihren geschichtlichen Weg kam. Vielleicht muß man da doch an so etwas denken wie an Hegels Weltgeist, der sich in der Geschichte offenbarte, und an Heideggers Gedanken von der Seinsgeschichte, die im

Geschick den Menschen ihren Weg zuweist, jedenfalls an etwas, was von oberhalb der persönlichen Initiative und der persönlichen Einfälle der Menschen kommt und ihre Geschicke bestimmt und ihre Wege weist.

Dafür spricht jedenfalls die Beobachtung, daß gewaltige schöpferische Kräfte in dieses neu aufbrechende Menschentum einströmten, etwa von den großartigen Erscheinungen der Renaissance bis zu den ungeheuren Kräften, die im Bannkreis der modernen Technik hervorgetreten sind. Hier zeigte sich eine neue Art von Geschichte, und es strömten die stärksten Kräfte der Geschichte in diese neue Bahn ein.

Gewiß ist an dieser neuen rationalen Welt vieles zu kritisieren. Davon soll gleich noch gesprochen werden. Man darf darüber aber auch den unverzichtbaren Segen, den das Geschick dieses neuen Menschentums gebracht hat, nicht übersehen, den Zuwachs von Freiheit und Selbständigkeit, Effizienz und Produktivität, die Erleichterung der alten Mühsal des Lebens und vieles, was dazu gehört. Es ist deutlich, daß wir ohne alles dies in der modernen Gesellschaft nicht mehr leben können und es auch nicht wollen. Man darf nur etwa denken, welche neuen Möglichkeiten dieses neue

Menschentum in der Befriedigung der Bedürfnisse, vor allem in der Medizin, gebracht hat. Allerdings darf man darüber nicht vergessen, daß auch der technischen Kriegsführung ungeheure Möglichkeiten eröffnet worden sind. Die neue Welt brachte ebensoviel neue Größe wie neue Gefahren. Aber im Blick auf beides ist doch deutlich, daß wir nicht mehr hinter die moderne Autonomie und Rationalität und ihre Früchte zurückkönnen.

Allerdings hat sich dieses neue Menschentum inzwischen so weit entwickelt, daß wir mit seiner Größe auch seine Gefahren deutlicher vor uns sehen, vor allem dann, wenn wir dieses Neue mit der Größe des Alten sorgfältig vergleichen.

Die Ursprünge und die von ihnen genährten großen ursprünglichen Lebensformen treten in der modernen Welt immer mehr zurück. Das integrative Potential, die Kraft, alles zu entfalten und sinnvoll zu einem Ganzen zu verbinden, wird immer schwächer und tritt gleichfalls immer mehr zurück. So will das Ganzsein nicht mehr ganz gelingen, und wir werden von der Massenhaftigkeit des bloß noch Vielen verwirrt. Das Verhältnis zu Himmel und Erde ist gestört, und der Himmel ist kein Zeichen mehr, sondern nur noch Gegenstand des Wissens und der kühn zugreifenden Technik. Die Erde wird immer mehr ausgebeutet und im Zuge dieser Ausbeutung immer nachdrücklicher verwüstet. Die Kräfte des Geschlechtes, die Mann und Frau verbinden sollen, sind teils verdrängt oder mehr noch durch völlige Enttabuisierung ortlos und schweifend geworden. Das Verhältnis von Jugend und Erwachsenen zeigt sich an vielen Stellen als gestört. Das Alter wird zwar mit Vor- und Fürsorge abgesichert, aber gesellschaftlich eher ausgeklammert und auf die Seite gestellt. Mit dem Tod will man nichts zu tun haben, er wird verdrängt, und so entsteht der Schein, als brauche man mit dem Tod nicht mehr zu rechnen und damit auch nicht mit den Toten.

Mit alledem verschwindet auch das Heimatliche mehr und mehr. Es ist keine bergende Ordnung mehr da, in die die Menschen gerne und frei gehörten, es ist nur noch der unaufhörliche Betrieb. Die Stimmen und Gestalten der Welt sind nicht mehr vertraut, sondern nur noch austauschbar im gleichgültigen Umschlag von Erwerb und Konsum. Auf diesen Verlust des Heimischen hat Martin

Heidegger besonders in seinen Meßkircher Schriften aufmerksam gemacht. Er meinte zuletzt sogar, Heimatlosigkeit sei das Weltschicksal geworden [12]. Der Gedanke der Heimatlosigkeit ist bei Heidegger eine Konsequenz seines Gedankens über die Technik, d. h. über den neuen Menschen. Dies kann man an den genannten Stellen deutlich sehen.

Was ist es also in dieser neuen Welt und Kultur und Gesellschaft, die sich im raschen Fortschreiten immer neu und mehr perfektioniert, mit der Frage nach der menschenwürdigen Gesellschaft? Sie ist immer nachdrücklicher und ausdrücklicher gestellt worden, je mehr die Zeichen dieser menschenwürdigen Gesellschaft verloren gehen.

Und wie steht diese neue Welt und Gesellschaft und Geschichtszeit schließlich zur Religion und zu Gott? Wir sehen, daß die neue Welt nachdrücklich weltlich und in ihrer Weltlichkeit autonom geworden ist. Und so unterscheidet sie sich von der Religion als einer anderen Welt. Diesen Vorgang kann man

[12] Vgl. Martin Heidegger zum 80. Geburtstag von seiner Heimatstadt Meßkirch, Frankfurt/M. 1969, S. 39ff; und: Martin Heidegger 26. September 1969, Ansprachen zum 80. Geburtstag, Meßkirch 1969 S. 35f.

etwa an der Entwicklung der Renaissancemalerei deutlich beobachten. Man braucht nur mit einiger Aufmerksamkeit für die Zeichen der Zeit durch die Gemäldesammlung der Uffizien in Florenz zu gehen. Da sieht man, daß die uralte Einheit von Gesellschaft und Religion sich auflöst. Und damit ist der Weg frei geworden für das Fremdwerden der Religion gegenüber dieser Welt und auch für die Kritik der Religion von seiten der ihrer selbst sicheren Rationalität.

Da sich diese neue, ihrer selbst sichere Welt weiter entfaltet und die großen Kräfte der Geschichte immer mehr in sie einströmen, scheint die Religion zurückstehen zu müssen und zurückzutreten. Sie wird, von der neuen Welt aus gesehen, immer mehr das weniger Erhebliche und zu ihr nicht mehr recht Passende. Sie wird im Laufe der Entwicklung zunehmend Privatsache einer Minderheit. Es kommt dazu, daß es komisch und anmaßend, weil unvernünftig erscheint, religiös zu sein. Es entwickelt sich eine emotional aufgeladene Schwelle zwischen moderner Welt und Religion oder Religiosität, so daß Mut dazu gehört, in einer Gesellschaft von modernen Ingenieuren und internationalen Managern zu sagen, man sei katholisch und gehe in die Kirche. Da scheinen zwei Welten zusammenzustoßen, die sich fremd geworden sind.

Um so merkwürdiger ist es bei dieser Sachlage, daß die Religion dennoch nicht aufhört, auch wenn ihre Praxis die Sache einer bedeutenden Minderheit, aber doch einer Minderheit mit geringem Einfluß auf die moderne Welt geworden ist. Die Religion kann sich kaum auf diese moderne Welt stützen, sie scheint sich, insofern sie weiter besteht, auch innergeschichtlich aus einer Quelle zu nähren, die gar nicht zu dieser modernen rationalen Welt gehört.

In dieselbe Richtung scheint mir die Beobachtung zu weisen, daß die Religion nun neuerdings bei bedeutenden Psychiatern in der Analyse von psychisch kranken, aber sonst gebildeten Menschen auftaucht, die erklären, mit der Religion nichts zu tun zu haben. Das obere Bewußtsein ist also nicht religiös, aber was aus dem Unterbewußtsein unter dem Einfluß der Analyse zutage tritt, das zeigt dann bisweilen doch intensive religiöse Züge archaischer Art mit mythischen und symbolischen Gestalten; eine andere Welt in der Tat als die des Oberbewußtseins, aber eine Welt, die in der verborgenen Tiefe eine starke Energie entfalten kann. Von solchen Erfahrungen wird bei C. G. Jung ebenso gesprochen wie neuerdings bei Viktor Frankl[13].

Auf solche und andere Beobachtungen gestützt, möchte ich die Hypothese wagen:

Die moderne Kultur und Gesellschaft lebt auf zwei Ebenen gleichzeitig, einer oberen bewußten, vor aller Welt offenliegenden, autonomen und rationalen; und einer für gewöhnlich unbewußten, weil verdrängten, die aber aus ihrer Verdrängung Energien entfaltet. Es ist, wie wenn zwei Ströme von Geschichtszeiten mit unterschiedlichem Richtungssinn übereinandergelagert wären. Die beiden Ströme oder die beiden Ebenen sind einander fremd geworden, obwohl sie zur selben Gesellschaft und zum selben Menschentum gehören. Aus dieser Entfremdung steigen Spannungen in der modernen Gesellschaft auf. Die bewußte und offene Kultur- und Gesell-

[13] C. G. Jung, Zur Psychologie westlicher und östlicher Religion, in: Gesammelte Werke, 11. Band, Olten und Freiburg i. Br., 2. Aufl. 1973. Viktor E. Frankl, Der unbewußte Gott. Psychotherapie und Religion, München 1974.

schaftsschicht ist ungemein erfolgreich, aber zugleich von solchen Spannungen geplagt, Religion kommt in ihr nur als seltene Ausnahme vor. Die unbewußte und verdrängte Kultur und Gesellschaftsschicht dagegen ist wesentlich religiös, und zwar so, daß Religion in ihr eins ist mit einem umfassenden Ordnungsgefüge und Weltverständnis ursprünglicher Art, ungefähr so, wie wir es an dem ausgezeichneten Fall eines primitiven Volkes beschrieben haben. Aus den Energien dieser tieferliegenden Ur-Welt steigen manchmal Signale an die Oberfläche und wirken dann dort sonderbar fremd und doch bedeutsam.

Diese Hypothese setzt also voraus, daß die alte Ur-Welt des Menschen mit ihrer wesentlichen Religiosität nicht untergegangen ist, ja vielleicht gar nicht untergehen kann, auch nicht unter dem Einfluß der gewaltigen Energien der modernen Weltentwicklung. Aber sie kann verdeckt und verdrängt werden und wirkt dann aus ihrer Tiefe. Darum darf man auch vermuten, daß wohl der ganze zeitgenössische Atheismus im Grunde nur eine verdrängte Religiosität ist. Der Mensch, auch der Mensch unserer Tage, bekommt den alten

Adam nicht so leicht los, der immerhin, wie die Bibel zu erzählen weiß, aus dem Paradies kam und dort mit Gott gesprochen hatte. Er kann nicht abgelegt werden, auch dann nicht, wenn der Mensch meint, nun endgültig über diese Dinge hinweg zu sein.

Auch van der Leeuw hat darauf hingewiesen, daß das, was er nach Lévy-Bruhl als mentalité primitive bezeichnet hat, in der modernen Welt in verschiedenen Strängen weiterlebt.

Das, was sich in Kultur und Gesellschaft abspielt, spielt demnach nicht alles auf einer Ebene, wie man simplifizierend meinen könnte. Da spielen vielmehr mehrere Ebenen und mehrere Welten auf merkwürdige Weise ineinander.

Es darf in diesem Zusammenhang auch auf Leszek Kolakowski hingewiesen werden, besonders auf seinen wichtigen Essay »Die Gegenwärtigkeit des Mythos.« Auch Kolakowski sieht, daß in der neuen Gesellschaft und Zivilisation eine Doppelung der kulturellen Ebenen entstanden ist. Wenn er gleich in den einleitenden Unterscheidungen dieses Buches den technologischen Stamm der Zivilisation von ihrem mythischen Stamm unterscheidet und wenn er letzterem die ganze Welt der Religion zuordnet, so hat er damit auf diese grundlegende Spannung aufmerksam gemacht. Allerdings muß den Ausführungen von Kolakowski hinzugefügt werden, daß diese Doppelung vermutlich nicht immer bestand, sondern erst in geschichtlicher Zeit entstanden ist [14].

Auch Kolakowski erkennt den in uns nach wie vor gegenwärtigen Mythos und damit das ursprüngliche religiöse Bewußtsein. So lesen wir bei ihm: »Es vollzieht sich auch durch den in uns gegenwärtigen Mythos das, was sich vollzieht, deshalb erneuert unser praktisches Sein in der Geschichte in jedem Augenblick seine Energie aus der Wurzel des Mythos«, und: »Die faktische Geschichte verlangt nach dem Mythos, daher haben wir nicht das Recht, uns als die alleinigen Schöpfer des Mythos zu betrachten, sondern vielmehr als seine jeweiligen Entdecker.« [15]

Wir versuchten im folgenden auf einige Erscheinungen im Rahmen unserer gegenwärti-

[14] Leszek Kolakowski, Die Gegenwärtigkeit des Mythos, deutsche Ausgabe, München 1973, vor allem S. 13ff.

[15] A.a.O., S. 48.

gen Kultur und Gesellschaft hinzuweisen, welche, wie mir scheint, die Theorie stützen und die kaum von einer anderen als von einer solchen theoretischen Basis aus erklärbar sein dürften. Es handelt sich um Signale des primären und ursprünglichen Bewußtseins, das dank seiner Religiosität in der Mitte unserer sekundären hochdifferenzierten modernen Welt fortlebt.

Solche Signale erscheinen in verschiedenen Ordnungen. Sie erscheinen unmittelbar als Religion, sie erscheinen auch aus Seitenzweigen der anerkannten Religion, etwa in den Phänomenen der Volksreligiosität, sie erscheinen endlich in säkularisierten und vollständig unreligiös wirkenden Formen, die aber bei näherer Betrachtung doch ihre archaische Religiosität preisgeben.

Das erstzunennende dieser Signale ist das Überleben der Religion selbst in immerhin bedeutenden Minderheiten unserer modernen Welt. Denn von den Prinzipien dieser Welt selber aus dürfte dies eigentlich gar nicht der Fall sein. Tatsächlich ist ja auch das nahe bevorstehende Ende der Religion von bedeutenden Aufklärern der modernen Welt schon des öfteren vorausgesagt worden. Der Klassiker dafür ist August Comte. Neuerdings hat Ernst Topitsch eine damit verwandte Argumentation vorgeschlagen [16]. Sowohl Comte wie Topitsch sind typische Vertreter der modernen Rationalität, der rechnenden und planenden Vernunft, und von diesem Standpunkt aus müßte die Religion in der Tat fortschreitend mit dem Fortschreiten der rationalen Aufklärung verschwinden. Auch Ludwig Feuerbach und ihm folgend Karl Marx haben das baldige Verschwinden der Religion prognostiziert im Namen des modernen Prinzips der menschlichen Autonomie, die schließlich den außer sich gesetzten und fremdgewordenen Gott wieder an sich nehmen und damit das eigene Schicksal in die eigenen Hände nehmen wird und also der Religion nicht mehr bedarf.

Die Religion ihrerseits, vor allem in der für uns aktuellen Gestalt der christlichen Kirche, hat durch solche typisch neuzeitlichen Impulse zweifellos Schaden erlitten, sie hat Einfluß auf die Gesellschaft verloren, sie ist

[16] Ernst Topitsch, Vom Ursprung und Ende der Metaphysik. Eine Studie zur Weltanschauungskritik, Wien 1958; und: Mythos, Philosophie, Politik. Zur Naturgeschichte der Illusion, Freiburg 1969.

eher in einen Minderheitsstatus getreten. Aber das Merkwürdige ist, daß sie nicht untergegangen ist, sondern daß sie hartnäckig weiterlebt. Sie widersteht dem enormen Zug der ganzen modernen Welt. Und man sieht auch, daß rings um die überlieferten großen Religionen neue Religionen entstehen. Neue religiöse Bewegungen machen sich innerhalb und außerhalb des Christentums bemerkbar.

Man muß sich angesichts dieser Erscheinungen fragen, woher diese enorme Widerstandskraft und auch Erneuerungskraft dessen kommt, was man mit dem biblischen Wort den Rest Israels nennen kann. Man wird kaum fehl gehen in der Annahme, daß dies von der nicht ganz zu unterdrückenden primären Natur und Kultur der Menschen kommt, die sich auch unter den heftigsten gesellschaftlichen Verdrängungen immer wieder durchsetzt und damit wenigstens als Minderheit trotz allem da und lebendig ist, wiewohl sie gar nicht in die moderne Welt und Zeit zu passen scheint. Dies darf man jedenfalls von kulturgeschichtlichen Überlegungen her annehmen und dabei für den Augenblick von den inneren religiösen Kräften absehen, die ihrerseits auch dazu beitragen.

Man darf im Blick auf dieses Phänomen auch schon kulturphilosophisch sagen, daß die Kirche durch ihr einfaches Dasein ein großes Denkmal und Signal des verdrängten primären Menschen ist. Ein erhobenes Zeichen unter den Völkern, um es mit dem biblischen Wort zu sagen.

Es gibt aber noch andere Signale für diesen Sachverhalt. Sie sind unter unseren Gesichtspunkten deswegen besonders interessant, weil sie nicht zur Erscheinung, jedenfalls nicht zur normalen Erscheinung der Religion gehören.

Dazu gehört der Phänomenenkreis der sogenannten Volksreligiosität. Er scheint am Rande unserer Kultur und Zivilisation zu liegen. Und auf eine gewisse Weise sogar auch am Rande der großen offiziellen Religionen. Aber es ist lehrreich zu beobachten, daß die verschiedenen Formen der Volksreligiosität sich bei uns bis an die Schwelle unserer Zeit, vor allem in ländlichen Gebieten gehalten haben. Man darf diese verstehen als Gebiete, in denen die modernen Formen der Zivilisation noch nicht das alles Beherrschende und Bestimmende geworden sind und in denen sich also im größeren Maße ursprüngliche Lebensformen erhalten konnten. Man betrachtet ländliche Gepflogenheiten gerne als zurückgebliebene Zeichen von menschlichem Leben. Aber was auf der einen Seite zurückgeblieben sein mag, das hat nach der anderen Seite hin einen Vorsprung bewahrt und gerettet, dem gegenüber die höherentwickelten Gebiete als zurückgefallen gelten können. Es ist der Vorzug größerer Ursprünglichkeit. Auch darauf hat Heidegger in einer seiner Meßkircher Ansprachen aufmerksam gemacht[17]. Die Formen der Volksreligiosität verschwinden bei uns rasch von der Oberfläche, sie spielen aber in anderen Ländern, namentlich in sogenannten Entwicklungsländern, eine oft erstaunlich große Rolle. Ich hatte Gelegenheit, solche Erscheinungen bei einem Aufenthalt in Peru im Oktober des Jahres 1975 näher zu studieren. Was sieht man dann? Dann sieht man, daß bisweilen gewaltige Erscheinungen der Volksreligiosität auftauchen, wie zum Beispiel die große Prozession, welche in Lima, wie ähnlich auch in anderen Städten, jeweils im Oktober abgehalten wird. Sie dauert zwei volle Tage vom

[17] Martin Heidegger zum 80. Geburtstag, Frankfurt/M. 1969, S. 38f.

Morgen bis in die tiefe Nacht hinein. Hier erscheint Archaisches, d. h. den Ursprüngen nahes Menschentum durchzubrechen und die große Millionenstadt ganz zu überfluten. Und es ist von Interesse zu fragen, bei welcher Gelegenheit solche Erscheinungen auftreten. Sie treten mit Vorzug dort auf, wo die moderne rationale Zivilisation für die elementaren Erfahrungen der Menschen Lücken hat. In dem Fall der Prozession von Lima ist der Anlaß das Erdbeben. Über das Erdbeben kann man wissenschaftlich viel sagen. Aber wenn es eintrifft und die Menschen trifft, dann ist die ganze moderne Zivilisation machtlos. Da ist also eine offenbare Lücke im Kompetenzzusammenhang der modernen technologisch orientierten Rationalität. Und an der Stelle dieser Lücke bricht dann unter Umständen in großer Form die Volksreligiosität mit ihren eigentümlichen Ausdrucksgestalten durch.

Man kann in Peru Vergleichbares auch bei den Gebräuchen der Leute in den Dörfern im andinen Hochgebirge beobachten. Die Leute sind jetzt alle christlich, aber in ihren eigentümlichen Volksgebräuchen haben sie zahlreiche Züge der älteren inkaischen Religiosität bewahrt. Diese ältere Religiosität kann als ein großer Ausdruck der ursprünglichen religiösen und integrativen Kräfte des Menschen betrachtet werden. Es ist wiederum jene Welt, die sich mit ihren Zeichen und Riten immer wieder meldet. In solchen Fällen erscheint Religion in der Gestalt von Religion, jedoch außerhalb der offiziellen Erscheinungen der Religiosität und vollends außerhalb der Erscheinungen der modernen Zivilisation.

Auch innerhalb Europas lassen sich durchaus analoge Erscheinungen der Volksreligiosität beobachten. Auch dort zeigt sich bisweilen ein hoher Grad archaischer Ursprünglichkeit und dies mit Vorzug an den Stellen, an denen die moderne rationale Zivilisation den einzelnen Menschen im Stich zu lassen scheint. Auch dies dürften Erscheinungen sein, in denen die alte, große, ursprüngliche Kultur an den Lückenstellen der modernen Zivilisation Signal gibt und sich meldet.

Eine weitere Klasse solcher Signale sind in gewissen sprachlichen Mustern zu beobachten, die zwar materiell religiös sind, die aber im Gebrauch ihren religiösen Charakter großenteils abgestreift haben. So sind sie an die moderne Zivilisation und ihre Ausdrucksformen angepaßt. Wenn ein Mensch zum Beispiel »Mein Gott« sagt oder etwas Ähnliches, so meint er, damit nichts Religiöses gesagt zu haben. Es ist aber auffällig, daß solche sprachlichen Muster, deren es eine ganze Reihe gibt, bevorzugt dort auftauchen, wo das normale Oberflächenbewußtsein für einen Augenblick unterbrochen wird und sozusagen sprachlos ist. Es tauchen sprachliche Muster auf, die ihrem Inhalt nach einer ganz anderen Welt angehören, und sie tauchen kennzeichnenderweise unabhängig von der persönlichen Religiosität oder Nichtreligiosität dessen auf, dem diese Formeln bisweilen wie von selbst auf die Lippen kommen. Man kann natürlich sagen, dieses seien bloße tote Überreste einer versunkenen Religiosität. Aber dagegen spricht, daß gerade solche Formeln unter vielen möglichen lebendig bleiben und den Wechsel der Kultur überstehen. Und ebensowenig wird dadurch die eigentümliche Lückenfunktion dieser Formeln erklärt. Immerhin hat schon der afrikanische Kirchenvater Tertullian solche Formeln beachtet und sie als ein testimonium animae gewertet, und zwar animae naturaliter christianae[18]. Wir würden

[18] De testimonio animae, in: CSEL XX, S. 134–143.

lieber sagen, es handelt sich um ein Zeugnis der natürlicherweise religiösen Seele.

Es sei endlich auf einige Erscheinungen aufmerksam gemacht, die in ihrer Oberflächengestalt überhaupt keinen religiösen Zug zeigen, wohl aber einen solchen bei näherer Analyse preisgeben. Es handelt sich um durchaus gebräuchliche Verhaltensweisen, obwohl sie merkwürdig fremd in unserer modernen rationalen Zivilisation stehen. Für sie ist es gleichfalls überaus charakteristisch, daß sie mit Vorzug in den Kompetenzlücken der modernen Zivilisation auftauchen.

Zu diesen Lücken gehören für die Erfahrung der Menschen zum Beispiel Geburt und Tod. Gewiß läßt sich über das eine wie das andere vieles wissenschaftlich aussagen und bestimmen, und man kann auch mit Hilfe der modernen medizinischen Technik manches tun, um Geburt und Tod physisch zu erleichtern.

Aber was eigentlich geschieht, wenn ein neuer Mensch auftaucht, das bleibt doch für die elementaren Erfahrungen ein wirkliches Geheimnis, zu dessen eigentlichem Kern die Wissenschaft nichts zu sagen und die Technologie nichts beizutragen hat.

Was tun und was sagen also die Menschen bei solchen Gelegenheiten, wenn etwa ein Mensch geboren wurde? Sie gratulieren und schicken Geschenke. Dies sind ganz offenbar Gesten, die mit einer rationalen Betrachtung eines solchen Ereignisses nichts zu tun haben. Sie ändern auch im technischen Sinne nichts am Ablauf der Ereignisse. Fragt man also einen modernen Menschen, warum er bei einem solchen Anlaß Glück wünsche und warum er seinem Glückwunsch gar einen greifbaren symbolischen Ausdruck gebe, zum Beispiel durch Blumen, ob er etwa glaube, dadurch etwas am Schicksal des Neugeborenen oder am Schicksal seiner Eltern mit ihm zum Besseren ändern zu können, dann muß er, wenn er konsequent sein will, antworten: das glaube er natürlich nicht, er sei doch ein aufgeklärter Mensch. Aber man mache dies halt so, dies gehöre sich so. Hier ist also wiederum eine andere Welt und Zeit als die der rationalen technischen Zivilisation inmitten dieser modernen Welt und Zeit aufgetaucht. Auch die Art dieser anderen Welt wird bei genauerem Zusehen sichtbar. Man muß dabei auf den Ritus an sich achten, der seinen Sinn in sich selber trägt, unabhängig von der individuellen

Bewußtseinshaltung und damit unabhängig vom Oberflächenstrom der Geschichtszeit. Wer grüßend Glück wünscht und es – wie es sein sollte – im Ernst tut, der glaubt mindestens im Augenblick des ernsten Aussprechens seines Wunsches, daß dieses Aussprechen Sinn habe. Das heißt aber, er glaubt eigentlich daran, daß es helfe. Aber wie hilft es gemäß dem Sinn des Glückwunsches? Der wünschende Optativ zeigt an, daß der helfende Glückwunsch die Hilfe nicht aus dem eigenen Vermögen des Wünschenden beisteuert. Hilft der Wunsch aber trotzdem, so kann dies nur so erklärt werden, daß der Glückwünschende glaubt, mit den Mächten einer ganz anderen als der technisch-rationalen Welt im Bunde zu sein, mit Mächten, die Schicksale und Zukunft lenken und das Glück gewähren können. Er weiß sich dem Sinne seiner Worte nach bittend und vertrauend im Bunde mit übermenschlichen und übertechnischen Mächten und dies durch den Gebrauch bestimmter Worte und Symbole. Damit aber gehört sein Benehmen der Struktur nach zur großen archaischen Primärwelt, und es ist wie diese religiös. Der Mensch, der solche Worte spricht und solche Rituale vollzieht, weiß sich aus der Tiefe seiner Seele verbunden mit göttlichen Mächten, die das Schicksal lenken, auch wenn diese Verbundenheit gar nicht bis an die Oberfläche des Bewußtseins durchdringt.

Es ist auch zu beachten, daß ein solches Verhalten einen Zug von freundlicher Heimatlichkeit mit sich bringt, wenigstens für einen Augenblick, jenen Zug, den wir gleichfalls bei der großen primären Welt fanden.

Diese archaische religiöse Struktur ist in unserem Falle ja um so erstaunlicher, als sie sich auch bei Menschen zeigt, die ihrem oberen Bewußtsein nach weder archaisch noch religiös sind und eine solche Deutung ihres Benehmens wahrscheinlich von sich weisen würden. Und doch versichern sie, in allem Ernst und wirklich Glück zu wünschen.

Hier tritt ganz offensichtlich ein Stück der ursprünglichen Welt und Kultur auf, allerdings vereinzelt und versprengt und abgelöst vom großen kulturellen Kontext, der eigentlich dazugehört. Und dieses Stück primärer Welt tritt auf in einer ganz anderen Welt, die eigentlich gar nicht zu ihm paßt. Und doch legen wir Menschen gerade auf solche Dinge den größten Wert, als ahnten wir, daß erst solche ursprünglichen Dinge auch das moderne Leben menschenwürdig machen können.

Die grüßenden Glückwünsche zur Geburt eines Menschenkindes sind nicht die einzigen, die wir auszusprechen pflegen. Es gibt viele weitere Gelegenheiten zu solchen Glückwünschen. Zu ihnen gehören vor allem die späteren Geburtstage eines Menschen. Warum feiern wir eigentlich die Geburtstage unserer Mitmenschen alljährlich? Hat dies etwas mit der wissenschaftlichen Erklärung und Beeinflussung der Lebensvorgänge zu tun? Offenbar nicht. Aber das sich Gewähren und Verstreichen der Lebenszeit der Sterblichen, das wir an den rhythmisch wiederkehrenden Geburtstagen spüren, liegt im Grunde wieder außerhalb der Kompetenz der modernen rationalen Weltbewältigung. Und da tritt dann wiederum jedesmal ein Stück der ursprünglichen Kultur auf mit ihrem hohen Maß an integrierenden Kräften und ihrem religiösen Grundzug.

Auch kann man Ähnliches beobachten und ähnliche Analysen in bezug auf jene Rituale anstellen, die mit den kosmisch bedingten Lebensrhythmen des Tages und des

Jahres zusammenhängen. Man denke an die Sitte des grüßenden Glückwunsches zum Morgen und zum Abend und zum neuen Jahr. Offenbar ist es so, daß diese kosmischen Rhythmen zu den Urgegebenheiten des Menschenlebens gehören, die zwar versteckt, aber nicht aufgehoben werden können. So erwacht mit ihnen auch jedesmal etwas von den ursprünglichen Verhaltensweisen des Menschen.

Ähnliches kann man an der Art beobachten, wie Menschen den Tod anderer Menschen zu erfahren pflegen und wie sie für gewöhnlich darauf reagieren. Beim Tod hört wiederum die Kompetenz der Medizin und mit ihr dieser ganzen modernen rechnenden und planenden Vernunft auf. Geht diese Kompetenz zwar bis unmittelbar an die Grenze des Todes, so weicht sie dann aber plötzlich. Und da bildet der Tod im Kompetenzzusammenhang der modernen Welt die große Lücke, mit der man nichts anzufangen weiß. Andererseits gehört er zu den Urgegebenheiten des menschlichen Daseins, die zwar verdrängt und vergessen, aber nicht abgeschafft werden können.

Darum ist auch der Tod ein bevorzugter Ort, an dem die Signale der ursprünglichen

Welt auftauchen, Rituale der verschiedenen Art. Gerade hier steigt sogar oft das Bedürfnis nach ausdrücklicher Religiosität und nach ausdrücklichen religiösen Riten auf, auch bei Menschen, die sonst in ihrem Leben nicht viel oder gar nichts damit zu tun haben wollen.

Auf jeden Fall erweckt der Tod auch im Bereich durchaus atheistischer Gesellschaften eine Atmosphäre von Feierlichkeit in Kleidung und Benehmen. Er bringt auch eine eigentümliche, scheue Gruppenbildung hervor; denn man kommt aus seinem Anlaß zusammen und findet nahezu rituelle Worte der Teilnahme. Man ehrt auch den Toten dadurch, daß man sein Leben als Ganzes noch einmal rühmend erzählt unter sorgfältiger Vermeidung alles Abträglichen. Und es tritt ein Schmuckbedürfnis auf. Man schmückt Sarg und Grab, und zwar vor allem mit Blumen, den Symbolen des sich erneuernden Lebens.

Alles dies hat offenbar mit der modernen Welt, mit der Wissenschaft und mit der technischen Rationalität nichts zu tun. Wissenschaftlich ist der Leichnam nur ein sich auflösendes biologisches System, das nicht weiter interessant ist. Aber da tritt die ursprüngliche

Welt und der ursprüngliche Mensch auf den Plan. Er weiß gerade dort zu reden und zu handeln, wo der zweite Mensch der Neuzeit nichts mehr zu sagen hat.

Und welchen Sinn hat sein Reden und Handeln? Welchen Sinn hat die Feierlichkeit in Worten und Gebärden, wenn nicht den der Ehrfurcht vor einer höheren, ja ungeheuren Macht, die sich gerade im Tode spürbar macht? Welchen Sinn hat das rühmende Erzählen des ganzen Lebens angesichts seines verfallenden Leichnams, wenn nicht den des Glaubens, daß eine höhere Macht das verblichene Leben vollendet, ganz gemacht und erhöht hat in einem unantastbaren Bereich? Und daß es also gilt, in öffentlichen rituellen Worten und Gebärden mit dem Toten an diesem sich vollendenden höheren Leben teilzunehmen. Welchen Sinn haben der Schmuck und die Blumen, wenn nicht den, einen Menschen schmückend zu feiern, der auch und gerade im Tode lebendig ist und blüht, wenngleich in einer anderen, höheren, geheimnisvollen Ordnung gegenüber der unseren?

Gerade die Totenrituale steigen aus dem großen integrativen Potential des ursprünglichen Menschentums auf und damit aus der großen Gläubigkeit dieses ursprünglichen Menschentums, aus seiner Vertrautheit mit einer höheren Macht, die im Tode spricht, aus seiner Vertrautheit auch mit den Toten, aus einem Wissen um die Weisen des rituellen Umgangs mit jener Macht und der rituellen Teilnahme an ihrem Walten, am Walten jener heiligen, ehrfurchtgebietenden Macht, in deren Bereich die Toten leben. Die Totenrituale steigen aus diesem Bereich auf und haben diesen Sinn an sich, auch wenn dieser Sinn von den Individuen, die sie vollziehen, nicht anerkannt wird und auch dann, wenn sie in einer gesellschaftlichen Ordnung vollzogen werden, die in ihrem Oberflächenbewußtsein vom Atheismus geprägt sein mag.

Wollte man alle Signale und Äußerungen des ursprünglichen Menschentums sammeln, die sich in unserer hochentwickelten sekundären Zivilisation zeigen, dann würde man vermutlich erkennen, daß diese oft vereinzelten Signale doch zu einem umfassenden Zusammenhang gehören, zu einer ganzen Welt anfänglicher und religiöser Art, zu einem Weltzusammenhang, der sich stark von den Strukturen unserer hochentwickelten und hochrationalisierten und säkularen Welt unterscheidet und der doch in deren Untergrund wie unzerstörbar lebt und aus den zahlreichen Lücken unseres nur scheinbar totalen Vordergrundes hervorblickt und Signale eines ursprünglichen und auch menschenwürdigeren Lebens emporsteigen läßt.

Damit haben wir so etwas wie ein Modell für das Verständnis unserer modernen Gesellschaft und der merkwürdigen Stellung der Religion in ihr gewonnen. Zahlreiche Beobachtungen können unsere Hypothese stützen, daß die neue Welt unterlaufen sei von einer großen, ursprünglicheren Welt und daß diese sich bemerkbar macht.

Es ist mit diesen Überlegungen aber auch ein neues Licht auf die Idee der Menschenwürdigkeit gefallen, die wir zunächst aus dem älteren Menschentum abzulesen suchten. Denn offenbar müssen, nachdem die Geschichte nun so weit fortgeschritten ist, zur Gewinnung eines vollen menschenwürdigen Menschentums auch die Prinzipien der neuen Welt in das alte integrative Leben eingebracht werden. Und umgekehrt müssen die Formen und Prinzipien unserer neuen Welt korrigiert und integriert und gleichsam durchdrungen werden von dem alten integrativen Potential, wenn die neue Welt nicht schließlich mehr zerstören als aufbauen soll.

Und woher sollen die Kräfte dieser rettenden Korrektur und Integration kommen, wenn nicht aus dem tiefen Quell des ursprünglichen Menschentums, daß ja, wenn auch häufig in Verdeckung und Verkleidung und zumeist unterirdisch, auch diese unsere moderne Welt noch bewegt? Werden wir den Weg finden, um die hohen integrativen Kräfte und Ströme des älteren Menschentums mit ihrer wesentlichen Religiosität wieder zu verbinden mit den besten Kräften der modernen autonomen Rationalität und Technologie, die jener ursprünglicheren Welt so fremd geworden sind?

Auf jeden Fall erlaubt uns das Modell, das wir nun gewonnen haben, auf seiner theoretischen Grundlage einige Gesichtspunkte zur Stellung und Rolle und Aufgabe der bestehenden Religion zu entwickeln, also vor allem unseres Christentums im Hinblick auf unsere heutige Gesellschaft und ihr unruhiges Streben nach einer menschenwürdigen Gestalt.

STELLUNG UND AUFGABE DER RELIGION HEUTE IM HINBLICK AUF EINE MENSCHENWÜRDIGE GESELLSCHAFT

Wo stehen wir mit Religion und Christentum und Kirche in dieser unserer heutigen Gesellschaft und Zivilisation? Und welches sind für heute und morgen unsere Aufgaben im Hinblick auf die Menschenwürdigkeit dieser Gesellschaft und Zivilisation?

Wir wenden uns mit diesen Fragen von der Deutung der allgemeinen Religionsgeschichte ab und unserem Christentum zu, also unserer eigenen Sache. Denn hier geht es darum, von unserer Stellung im ganzen aus die Verantwortung zu besprechen, die wir dem Ganzen gegenüber haben. Dies kann nur konkret geschehen. Darum gehen wir von unserer eigenen Sache aus, ohne darum die Sache aller anderen Menschen zu vergessen. Denn hier geht es um die praktische und aktuelle Seite unseres Christseins.

Fragen wir also zuerst: Wie stehen wir mit unserem Christentum inmitten der großen und meist verborgenen Spannung unserer heutigen Gesellschaft? Die alte anfängliche Kultur mit ihrem hohen integrativen Potential ist in die Tiefe gesunken und sendet nur mehr oder weniger deutliche Signale an die Oberfläche. In Spannung zu ihr sind ganz neue Kräfte der rechnenden und planenden Vernunft aufgetreten, die alles mit sich reißen in die Richtung einer totalen, rationalen und technischen Weltbeherrschung. Es sind Kräfte, die große und nicht mehr zu entbehrende Segnungen gebracht haben und neue, freilich künstliche Paradiese, die aber auch die Tendenz haben, in Überschreitung aller Grenzen die humane Integration aufzulösen und die Gesellschaft zu desintegrieren.

Und als instrumentelle Vernunft[19] liefert diese neue Zivilisation zwar wunderbare Instrumente, aber deren humane Ziele kann sie nicht deutlich angeben und läßt sie also häufig im Formlosen treiben. Und überdies haben die neuen Kräfte, wie wir gesehen haben, die gefährliche Tendenz einer maßlosen Totalität, die das menschliche Zusammenleben häufig

[19] Vgl. hierzu Max Horkheimer, Zur Kritik der instrumentellen Vernunft, deutsche Ausgabe, Frankfurt/M. 1967.

in Frage stellt und die Erde als Lebensraum des Menschen zu zerstören droht.

Die Religion, auch diese unsere christliche Religion gehört zur großen ursprünglichen Welt. Sie findet sich der modernen Welt gegenüber in einen seltsamen gesellschaftlichen Untergrund oder in eine Abseitsstellung gedrängt, von wo sie allerdings nicht weichen kann. Infolgedessen findet sich an der Oberfläche der modernen Gesellschaft etwa unsere christliche Kirche überwiegend als Minderheit, als Fremdling in dieser Welt, als eine Größe, die anscheinend nichts Entscheidendes zu den eigentlichen Problemen der Welt von heute zu sagen hat. Und doch ist die Kirche von ihrer inneren Sendung und ihrem darauf beruhenden eigenen Selbstverständnis her an alle Menschen gewiesen, und so ist sie aller Menschen Schuldner. Sie schuldet ihnen die ihr anvertrauten Kräfte des Heiles Gottes.

Die Kirche lebt also mitten in der Differenz zwischen der primären Kultur, die sie selbst vertritt, und der großen säkularen Kultur, die ihren Lebensraum darstellt. Eine Folge dieser Differenz ist auch die Differenz zwischen der begrenzten gesellschaftlichen Stellung der Kirche in der modernen Welt und ihrer unbegrenzten Aufgabe und Sendung gegenüber der modernen Gesellschaft. Diese Stellung wird ihre Aufgabe zutiefst bestimmen und dies besonders dann, wenn man dabei auf die Menschenwürdigkeit dieser Gesellschaft achtet.

Es soll dabei freilich nicht vergessen werden, daß die erste Aufgabe der Kirche die ist, die Menschen Gottes würdig zu machen und zu Gott zu führen. Aber wir sind uns heute mehr denn je klar darüber geworden, daß diese Hinführung zum Heile Gottes nicht geschehen kann, ohne daß aus Liebe zu Gott auch eine umfassende Menschenwürdigkeit gleichfalls vom Prinzip der Liebe gespeist und gefördert würde.

1. Die erste Aufgabe der Kirche in der modernen Gesellschaft wird sein, sich mit ihrem relativen Minderheitenstatus und ihrer verhältnismäßigen Einflußlosigkeit als dem ihr vom geschichtlichen Geschick zugewiesenen Status abzufinden. Und infolgedessen in diesem Status mutig sie selbst zu sein. Die Kirche soll sie selbst sein inmitten einer Welt, die sie oft nicht versteht.

Die Kirche soll als das, was sie ist, ihre Aufgabe an der Welt der Menschen und der Gesellschaft wahrnehmen. Sie hat ihre Aufgabe an der Welt aufgrund des offenbarenden Rufes Gottes, den sie vertritt. Sie hat aber auch eine Aufgabe kulturgeschichtlicher Art, die wir kulturphilosophisch erläutern. Diese interessiert uns hier besonders.

Die kulturphilosophisch zu erläuternde grundlegende Aufgabe der religiösen Gemeinschaft der Kirche besteht m. E. darin, daß sie durch ihr Dasein allein schon die ursprüngliche hochintegrierte und durchgehend von göttlichen Kräften und Mächten sich bestimmt wissende Welt und Gesellschaft gegenüber einer zwar hochentwickelten, aber schlecht integrierten modernen Welt zu vertreten hat. Durch ihr lebendiges Dasein im Offenen dieser unserer Welt soll die Kirche die andere Welt vertreten, die auch in der modernen Welt versteckt und verdrängt weiterlebt und ohne die die Menschen offenbar gar nicht oder doch jedenfalls nicht menschenwürdig leben können. Das ist es ja, was C. G. Jung, an den wir hier noch einmal erinnern, wohl als erster gemerkt hat.

Kann nicht die Kirche durch ihr Dasein in ihren überlieferten Lebensformen die vergessene und verdrängte und in ihrer Verdrängung Spannungen hervorrufende ursprüngliche

Menschenwelt sichtbar und offen gegenwärtig halten und mit ihr die beständige Möglichkeit, Spannungen zu lösen?

Man sieht aus diesem Zusammenhang auch, wie wichtig es ist, daß die kirchliche Gemeinschaft ihre Symbole und Rituale im Prinzip bewahrt und aufrechterhält, mögen sie auch im einzelnen der Erneuerung bedürftig sein. Man sieht, wie wichtig es ist, daß die von dem jüngst verstorbenen großen Exegeten Rudolf Bultmann aus seelsorgerlichen Gründen empfohlene Entmythologisierung, die ja zu einem Schlagwort der Zeit geworden ist, nicht zu weit getrieben werde. Denn gerade in Symbolen, Riten und mythologischen Redeweisen spricht immer noch das göttliche Geheimnis zur Tiefe der Seele, mögen diese Gestaltungen sich auch auf der Oberfläche des modernen Bewußtseins als fremd ausnehmen. Gerade dieses Fremde ist die Kirche der Gesellschaft schuldig, und diese sucht es in Wirklichkeit verborgen in der Tiefe der Seele, während sie freilich an der Oberfläche ganz anderen Dingen nachläuft. Die Kirche soll also nicht noch einmal sagen, was ohnehin schon alle Welt sagt. Sie soll vielmehr durch ihr Dasein und durch die diesem zugehörigen

Formen ihres Lebens das sagen, was alle Welt nicht sagt und in ihrem jetzigen Zustand nicht sagen kann und nach dem doch alle Welt sich im Verborgenen sehnt. Sie soll durch ihr Dasein an das Verdrängte und Vergessene erinnern, das allein den Menschen menschlich machen und die Zivilisation zur Menschenwürdigkeit ergänzen kann. Dies dürfte die grundlegende Rolle der Kirche in der modernen Gesellschaft sein.

Wenn wir sagen, die Kirche solle diesen Dienst an der Gesellschaft schon durch ihr Dasein erbringen, dann wollen wir damit freilich nicht sagen, es käme gar nicht darauf an, *wie* dieses Dasein als christliches gelebt werde. Die Symbole und Riten der Kirche sollen als erneuernde Erinnerung an das ursprüngliche und seinerseits erneuernde Leben in der Gesellschaft gegenwärtig sein, jedoch so, daß die Kirche *lebendiges* Zeugnis des Lebens selber wird. Zeugnis des Lebens kann aber die Kirche durch ihre Riten und Symbole bloß sein, wenn sie selbst in ihren Riten von ursprünglichem Leben erfüllt ist: wenn also die Kultgemeinschaft eine lebendige Gemeinschaft ist; wenn die Initiation der Taufe ein lebendiges Geschehen ist; wenn die eucharistische Gemeinschaft vom lebendigen Leben des Geistes erfüllt ist; wenn die christlichen Feste gleicherweise lebendige Zeugnisse dieses Geistes sind, die ausstrahlen können auf den ganzen Lauf der Zeit; wenn in der christlichen Gemeinschaft überhaupt die Modelle eines voll integrierten menschlichen Zusammenlebens in der Entfaltung aller Dimensionen und Sphären und ihrer Verbindung zu einem sinnvollen Ganzen entwickelt werden.

Die hier sich abzeichnende Aufgabe ist groß und keineswegs leicht zu vollbringen: nämlich im kirchlichen Leben einen lebendigen und voll integrierten Lebensstil im Angesicht unserer Zeit und Welt zu entwickeln. Denn auch die gläubigen Christen sind ja gleichzeitig moderne Menschen, vor allem durch ihre Ausbildung und ihren Beruf und ihre Teilnahme am Ganzen des Lebens. Sie nehmen dadurch an der gering integrierten, aber hochdifferenzierten und hocheffizienten Struktur des modernen Lebens teil und müssen es. Und doch soll man nicht sagen, es sei unmöglich, Modelle und sozusagen Inseln eines hochintegrierten Lebens zu entwickeln mit Hilfe der Kirche, mit Hilfe der Kräfte, die der Kirche mitgegeben sind, mit Hilfe auch der oft archaisch wirkenden Worte der biblischen Bücher und mit Hilfe der Riten und Symbole, der Sakramente und Feiern.

In diesem Zusammenhang darf besonders darauf hingewiesen werden, daß auch religiöse Eliten, wie etwa die Ordensgemeinschaften, eine besondere Rolle im Rahmen der Aufgabe der Kirche in der modernen Gesellschaft spielen könnten. Denn sie haben wohl am ehesten die Möglichkeit, einen eigenen modellhaften Lebensstil zu entwickeln und dadurch für die ganze Gesellschaft vorbildliche Zellen zu bilden, die die Gesellschaft daran erinnern können, daß es ein ursprünglicheres und höher integriertes Leben gibt, das in allen Menschen darauf wartet, aus seiner Verdrängung erlöst zu werden.

2. Eine besonders wichtige Aufgabe der christlichen Kirche gegenüber der modernen Gesellschaft scheint es mir weiterhin zu sein, auf die Lücken in der modernen Zivilisation aufmerksam zu machen, also auf die Stellen, wo diese Zivilisation mit ihren Möglichkeiten und Kräften nicht mehr eigentlich zuständig ist und nichts Eigentliches mehr zu sagen hat, und wo also die tiefen Ursprungskräfte mit ihrer Religiosität am ehesten bereit sind, mit

ihrem hohen integrativen Potential wieder aufzusteigen und entsprechende Signale an die Oberfläche zu senden.

So gilt es, um auf unsere früheren Beispiele zurückzugreifen, auf die menschlichen Urerfahrungen von Geburt und Tod aufmerksam zu machen gegenüber der Tendenz, sie aus dem Alltagsbewußtsein auszuklammern. Es gilt zu zeigen, daß dabei der Arzt und die Klinik zwar Wunderbares an Hilfe leisten können, daß aber das eigentliche Geschehen ein Geheimnis bleibt, für das sie nicht mehr zuständig sind.

Es gilt auf die Rituale einzugehen, die die Menschen, etwa bei der Geburt eines Menschen, unter Rückgriff auf das ursprüngliche Menschentum entwickeln, die Worte des Glückwunsches und der Teilnahme in der feiernden Gemeinschaft. Es gilt auch aufmerksam zu machen auf das sich Gewähren und Vergehen der Zeit und dessen Feier an den Geburtstagen, auf das Geheimnisvolle des rhythmischen Wechsels von Tag und Nacht, von Wachen und Schlafen und auch der kommenden und der gehenden Jahre und der Worte, mit denen wir, entgegen aller modernen Rationalität, diese Rhythmen zu begleiten pflegen. Es lohnt sich, auf diese Worte und Zeichen, auf diese Signale einzugehen, sie zu deuten und ihren verborgenen Sinn auch für das Oberflächenbewußtsein aufzuschließen. Zu zeigen also, daß solche Rituale Geburt und Tod, Tage und Jahre und damit eigentlich das Ganze des Lebens erst menschlicher machen können, indem sie es unter den Segen Gottes stellen. Es gilt auch zu zeigen, daß die üblichen Worte und Rituale bei diesen Gelegenheiten den Aufblick zur höheren Macht Gottes einschließen, einer Macht also, die anderer Art ist als die ganz, große, rationale und technische Welt, den Aufblick auf eine ganz andere heilige Macht, aus deren Händen der Mensch seinen Ursprung empfängt und sein Geschick, seine wechselnden Zeiten und sein mögliches Glück, so daß man also nur im Einverständnis mit der heiligen göttlichen Macht und in der rituellen Teilnahme an ihr wirklich Glück wünschen kann. Zu diesem Zusammenhang gehört auch das Aufmerksammachen auf den Tod, insbesondere auf jene Seite daran, daß die heilige Macht Gottes sich im dunklen Ereignis des Todes als besonders gegenwärtig erweist und daß sich dies zeigt in den Worten und Weisen, mit dem die Menschen den Tod zu begleiten pflegen. Darin zeigt sich, und darauf sollte die Kirche immer wieder hinweisen, daß Gott sich in diesem Ereignis offenbart, um den Menschen aufzunehmen, zu richten und auf seine geheimnisvolle Weise zu vollenden. Auch in den säkularisierten Reden, die in der heutigen Welt dabei auftauchten, ist verborgenerweise noch der alte Sinn aufbewahrt.

Es gehört also zu den gesellschaftlichen Aufgaben der Kirche, auf diese Lücken in der Zivilisation aufmerksam zu machen und auf jene Signale, die aus der Tiefe des Menschenherzens aufsteigen, um dann ihren Sinn zu deuten und ihnen die heilige Macht zu nennen und anzusagen, deren Ahnung sich hier erhebt, nämlich den lebendigen Gott und Vater. Es gilt, den Menschen die Hoffnung und den Trost des Evangeliums von diesem Gott und Vater her zu verkünden. Es gehört zu dieser wichtigen Aufgabe der Kirche, daß sie den Menschen bei solchen Anlässen überhaupt sprechen lehre angesichts der Tatsache, daß er von seinem eigenen und modernen Bewußtsein her oft nichts Rechtes zu sagen weiß und eher eine Hemmung empfindet. Die Kirche könnte dem Menschen den Mut zur Sprache geben und mit diesem Mut einige situationsmächtige Worte, rituelle Worte vielleicht, mit deren Aussprechen er in eine neue, zugleich menschlichere und religiöse Welt durchbricht, gerade an Stellen und bei Gelegenheiten, wo ihn seine alltägliche Welt weitgehend im Stich läßt.

Es gibt noch viele solcher Lücken und solcher Signale, bei denen die religiöse Gemeinde der Kirche, auch wenn sie eine Restgemeinde sein sollte, eine wichtige Funktion gegenüber der modernen Form des gesellschaftlichen Lebens hat. Und es lohnte sich, diese Lücken und Signale planmäßig aufzuspüren, auf sie aufmerksam zu machen und sie dann mit Sorgfalt auszulegen.

Bei solchen Überlegungen und dem, was aus ihnen an Lebenspraxis folgen kann, könnte das Christentum auch heimatbildend wirken in einer Welt, in der die Menschen großenteils in der amorphen Masse wie verloren und entfremdet sind. Die Kirche könnte vertraut machen mit der Welt, wie sie wirklich ist, d. h. mit Geburt und Tod, mit Liebe und Geschlecht und Ehe, mit der Verbundenheit und dem Konflikt der Generationen, mit der Sehnsucht der Jungen nach Freiheit und Unabhängigkeit einerseits und nach lebendiger Verbundenheit andererseits, mit den Schwierigkeiten und der Einsamkeit der alten Leute. Sie könnte darauf hinweisen, daß dieser ganze Kreis des Lebens umfangen ist von Geburt und Tod, von dem Sichgewähren und Wiederentziehen der Zeit, von Kommen und Gehen der Jahre. Und sie könnte den Menschen lehren, aus alledem den Wink eines großen und freundlichen Gottes zu erfahren und also frei und doch nicht isoliert, miteinander verbunden und doch nicht an die Masse verloren, in diesem ganzen Kreis zu leben und sich darin heimisch und geborgen und zugleich befreit zu fühlen, und dies mitten in der realen Situation unseres Lebens.

Wenn man recht zusieht, erkennt man, daß in der Tat da und dort in der Kirche solches Wirken aufbricht, meist weniger von oben organisiert, meist mehr von unten erwachsend, zum Beispiel in den Säkularinstituten, in den freien Priestergemeinschaften, in den Basisgruppen, in den aus lateinamerikanischen Ländern übernommenen Cursillos, denen es darum geht, in der freien Gemeinschaft von Priestern und Laien die Botschaft des Evangeliums auf die modernen Gegebenheiten des

Lebens zu beziehen und dadurch vom göttlichen Zuspruch her in dieser Welt heimisch zu werden, ohne etwas darin zu vertuschen oder zu verdrängen.

Das sind Wege, auf denen die Kirche der Glaubenden auch und gerade als Minorität in der modernen Gesellschaft fruchtbare Zellen wahrhaftigen, sinnvollen, freudigen Lebens bilden und dadurch neu so etwas wie das Salz der Erde werden könnte, d. h. bedeutungsvoll für das Ganze dieses modernen Lebens von ihrer äußerlich begrenzten Situation her.

3. Indessen müssen wir noch weitere wichtige Gesichtspunkte hinzufügen. Die in vielen Fällen kleine Gemeinde der Glaubenden soll nicht bloß sie selbst sein und auf sich selbst blicken in dieser unserer modernen Welt, um dadurch modellhafte Strukturen für diese Welt zu entwickeln. Sie soll sich vielmehr auch positiv auseinandersetzen mit dieser Welt als mit dem anderen ihrer, mit der neuen Rationalität, mit der neuen Technik und allem, was dazu gehört, mit der Welt also, in der die Gemeinde der Glaubenden lebt, wie alle anderen Menschen darin leben. Auch dies gehört zu dem, was einst Lord Acton in klassischer Weise vertreten hat und was sein Sohn

durch die Worte zum Ausdruck brachte: »in politics as in science the church needs not seek her own ends.«[20]

Die Kirche ist nicht in erster Linie nur für ihre eigenen Belange da. Sie hat zwar solche, und sie muß sie auch vertreten. Aber sie ist, obwohl der Ausdehnung nach begrenzt, für die Sache aller Menschen da und das auch und gerade für jene Mehrheit, die aus einer durchaus modernen Weltorientierung heraus lebt.

Wie kann und soll aber die Kirche sich zu dieser anderen Welt und Gesellschaft verhalten?

Sie soll sich zuerst hüten, die andere Welt schlecht zu machen oder ihr bloß mit Mißtrauen zu begegnen, weil sie ganz anders und vielleicht fremd ist gegenüber dem, was die Kirche selbst ist. Gewiß wird die Kirche dieser Welt im ganzen ziemlich fremd sein und fremd sein müssen, wie ihr auch diese Welt fremd sein muß. Die Kirche wird in diesem Raum auch oft wenig Verständnis finden bei Menschen, die an den Schalthebeln des Wissens

[20] Vgl. Ulrich Noack, Katholizität und Geistesfreiheit nach den Schriften von John Dahlberg-Acton, Frankfurt/M. 1936, S. 187, dort Zitat aus der Times vom Oktober 1906.

und der Macht in unserer modernen Welt sitzen. Aber die Gemeinde der Glaubenden könnte doch gerade diese äußerlich fremde Welt als das ihr aufgegebene Geschick annehmen. Sie könnte ihr mit Verständnis, mit Aufmerksamkeit, wenn auch freilich mit kritischer Aufmerksamkeit, und schließlich sogar mit Liebe begegnen.

Auf das, was für die Kirche unbequem sein mag, aber doch für sie eine Aufgabe und eine tägliche Herausforderung darstellt, sollten die Gläubigen sich täglich glaubend und liebend einlassen, wie hart hier auch zwei verschiedene Welten, zwei verschiedene Kulturen, zwei verschiedene Gesellschaftssysteme zusammenstoßen mögen.

Öffnet sich also die Kirche mit Verständnis und sogar mit ein wenig Liebe der modernen Welt, dann wird sie zuerst versuchen müssen, ihr Anliegen im Horizont dieser Welt verständlich zu machen. Dazu gehört auch, daß sie die Anregungen der modernen Welt, wo es sinnvoll ist, mit Ernst und Verständnis aufnimmt. Daß sie also in einen Dialog eintritt, in welchem beide Seiten mit der ihnen eigenen Stimme und mit den ihnen eigenen Anliegen zu Wort kommen sollen.

Dies kann dann zum Beispiel so aussehen, daß die Kirche die Aufklärung etwa der historischen Wissenschaften hinsichtlich der Interpretation der biblischen Schriften aufnimmt und auf sie eingeht und die Ernüchterung erträgt, die daraus hervorgeht. Daß sie aber ihrerseits die Aufklärung der Wissenschaft noch einmal aufklärt dadurch, daß sie darauf aufmerksam macht, daß es noch andere Verständnisweisen gibt und vielleicht sogar ursprünglichere, die nicht von wissenschaftlich-technischer Art sind. Und daß diese vielleicht erst das eigentliche Anliegen der biblischen Schriften aufschließen, bei aller Beachtung der Ergebnisse der historisch-kritischen Forschung.

Die Gemeinde der Glaubenden, d. h. der religiösen Menschen, wird also im Blick auf diese Welt, in der sie zu leben berufen ist, ein vernünftiges dialogisches Aggiornamento ihrer Lehren, ihrer Forderungen und ihrer Praxis zu leisten haben. Sie wird das Notwendige tun, um die moderne Welt zu verstehen und um sich ihr verständlich zu machen über die Differenzen der Kulturen und ihrer Lebensstile hinweg. Dieses Aggiornamento, dieses Modernisieren, kann aber weder theologisch noch kulturphilosophisch den Sinn haben, etwas von der eigenen und für diese moderne Welt gerade notwendigen Substanz in allzu schneller Anpassung an das gerade Gängige preiszugeben. Denn dadurch würde der Dialog zu einem passiven Monolog, zu einem bloßen Hinnehmen, und das, was die Kirche der Welt eigentlich schuldig ist, würde dann nicht mehr zur Sprache kommen. Die Kirche soll sich vielmehr mit dem in aller Welt Verdrängten verbinden, mit den Tiefenkräften und den verborgenen Sehnsüchten und Träumen, dem zumeist ungesagt Bleibenden, sie soll die Welt ernstnehmen, doch ihre Sache so suchen, daß sie auf eine der neuen Zeit angemessene Art diese Tiefenkräfte wecken kann, und sodann dieser großen modernen Welt das für sie Neue und andere so ansagen, daß diese Welt es hören kann. Jenes andere, das diese Welt ungeachtet ihrer Fremdheit in der Erscheinung doch in der Tiefe ihres Herzens sucht. Sie soll ihre Mythen, Symbole und Riten, aus denen das göttliche Geheimnis spricht und der Trost seines Evangeliums, nicht nur vor Augen führen, sondern auch erläutern. Dies alles soll verständlich werden für diese neue Welt, und umgekehrt soll diese neue

Welt sich verstanden fühlen von der Kirche. Es sollen in diesem dialogischen Geschehen, diesem Aggiornamento, also die rechten Sachen und Wendungen gesucht und gefunden werden, die in dieser neuen Welt die Sinne und das Wahrnehmungsvermögen wecken können für das für sie ganz andere, so daß dies vernehmlich werden kann in unserer gegenwärtigen Welt, und umgekehrt diese Welt sich angenommen und aufgenommen fühlt von der Botschaft Gottes. So soll versucht werden, die Differenz zu überbrücken, welche Welt von Welt und Kultur von Kultur trennt, es soll eine gemeinsame Sprache gesucht werden für das zunächst nicht Gemeinsame, für das Geheimnis, für Gott und für seine Offenbarung und für die Sprache und die Zeichen dieser Offenbarung. So ungefähr kann man im Licht unserer Gedanken und Ansätze den besten Sinn des Aggiornamento umschreiben.

Die religiöse Gemeinschaft der Kirche sollte aber noch mehr tun, als bloß die moderne Welt und ihre moderne Rationalität verstehen und sich ihr verständlich machen. Sie sollte darüber hinaus auch versuchen, auf diese Welt einzuwirken und sie durch solches Einwirken zum Guten zu verändern und dadurch den irritierenden Abstand der beiden Kulturen zu vermindern. Sollte dies etwa nicht möglich sein? Man könnte es befürchten. Aber die moderne Zivilisationsform ist vielleicht doch nicht so starr, daß sich keine Änderung für sie denken ließe, und wenn das ursprüngliche integrative Potential – wie wir annehmen dürfen – doch im Grunde auch des modernen Menschen noch lebt, dann darf man um so mehr daran glauben, daß es sich geltend machen und in dieser großen modernen, säkulären Welt wirksam werden kann.

Die Ziele des möglichen Wirkens der Glaubenden und damit der primären Welt können sowohl negativ wie positiv formuliert werden. Negativ wird eine neue Art von Askese notwendig sein, und es wird der Kirche gut anstehen, sie mutig zu vertreten. Askese deswegen, weil die moderne sekundäre Welt der rechnenden und planenden Vernunft ja, wie wir sahen, die Tendenz hat, sich total zu machen und die ganze Welt und alles ihrem Zugriff zu unterwerfen. Daraus müssen aber immer neue Maßlosigkeiten hervorgehen, und diese Maßlosigkeiten sind es eigentlich, die immer aufs neue die Religion und mit ihr das primäre menschenwürdige Menschentum verdrängen und bedrohen. Aber ist es wirklich sinnvoll, immer noch schnellere Autos zu fahren und immer noch schneller zu fliegen bloß deswegen, weil es technisch möglich ist? Wäre hier nicht eine asketische Begrenzung menschenwürdiger? Ist es wirklich sinnvoll, die ganze sogenannte freie Zeit – darauf ist schon des öfteren hingewiesen worden – am Fernsehschirm zu verbringen und dadurch die schöpferischen Kräfte, die etwa zum Führen eines wirklich humanen Gespräches gehören, durch eine totale, technologisch begründete Konsumhaltung zu verdrängen? Oder, um ein anderes Beispiel zu nennen: Ist es noch menschlich, die Leistung der Spitzensportler durch medizinisch-technische Maßnahmen immer mehr hochzutreiben, nur weil man dies kann, und damit vielleicht das Ganze eines gesunden Menschenlebens zu gefährden? Ist in diesen Punkten und in unzähligen anderen, die man dazu nennen könnte, nicht Askese notwendig, d. h. asketische Begrenzung des technisch Möglichen, um das Humane solcher Möglichkeiten zu retten? Muß man die ganze Unrast und Hektik des modernen Lebens schrankenlos mitmachen? Sollte man nicht lieber auf manches verzichten, um Muße zu gewinnen? Am Ende gar Muße für so etwas wie Liebe oder gar für so etwas wie Gebet und Kult, also im Sinne des modernen Lebens scheinbar überflüssige Dinge, die aber doch erst auch den modernen Menschen menschlich und menschenwürdig machen könnten?

Man könnte noch viele ähnliche Beispiele nennen. Immer wieder zeigt es sich, daß eine neue Askese notwendig ist gegenüber der inneren Tendenz zur zerstörerischen Maßlosigkeit, die den großen und bewundernswerten Möglichkeiten der modernen Kultur beigemischt ist.

Die Askese, d. h. das Maßhalten im technisch Möglichen, und dies im Interesse des Humanen, sollte, wenn möglich, auch über den Bereich des persönlichen Konsums hinaus, von dem wir einige Beispiele angedeutet haben, auch die großen Bereiche der Produktion betreffen. Dort wird freilich alles größer und komplizierter. Denn eine Predigt zum Maßhalten, soll sie in diesen Großbereich wirklich hineinreichen, setzt eine Vertrautheit mit den hochkomplizierten ökonomischen und soziologischen Prozessen voraus, die hier zu berücksichtigen sind. Diese Vertrautheit ist nicht leicht und schnell erworben. Aber ohne eine solche Vertrautheit reicht die Mahnung zum Maßhalten nicht an die Wirklichkeit der Sachen hin, um die es sich hier handelt.

Aber sollten wir vor dieser großen und schwierigen Aufgabe verzagen? Gewiß nicht! Es wäre segensreich, auch für diese Bereiche und unter Heranziehung aller einschlägigen Wissenschaften realisierbare Modelle einer modernen Askese zu entwickeln.

Durch eine solche asketische Begrenzung der Möglichkeiten würde sich in dieser modernen Kultur etwas ändern; es würde ein Beitrag geleistet werden zu ihrem humanen, sinnvollen Gebrauch und zur Verringerung ihrer Gefahren, insbesondere des gefährlichen Abstandes zwischen der verdrängten Primärkultur und der herrschenden Sekundärkultur. Und wer sollte diese Askese eher vertreten und üben und für sie Modelle entwickeln, wenn nicht die vielleicht kleine Zahl derer, denen das alte kostbare Erbe anvertraut worden ist und die es bewahrt haben, damit sie es zur Geltung bringen, gerade auch in dieser neuen großen und gefährlichen Zeit!

Aber auch diese Askese allein wird nicht genügen, um in der großen neuen Welt die noch größeren alten integrativen Kräfte zur Geltung zu bringen. Es gehören nicht nur Impulse des Maßhaltens, sondern auch positive Impulse dazu. Impulse, die anfeuern und Richtung weisen. Sie werden vor allem den instrumentellen Charakter der technischen Möglichkeiten der modernen Zivilisation zu betreffen haben. Werden wir den Mut und die Weisheit haben, positive humane Sinnziele überzeugend aufzuweisen, für welche die modernen Möglichkeiten der Technologie eingesetzt werden können und sollen? Können wir solche Sinnziele dessen, was man machen, produzieren, fabrizieren kann, überzeugend formulieren und in dieser modernen Welt wirksam zur Geltung bringen und fördern? Das geht, wie man sieht, am ehesten in den überblickbaren, kleinen mitmenschlichen Bereichen. Man kann vielleicht sagen, wohin man mit dem großartigen Instrument des neuen Flugverkehrs eigentlich reisen sollte, um einen Zuwachs an zwischenmenschlicher Humanität zu erreichen. Man kann vielleicht sagen, mit wem man ein Gespräch anknüpfen soll und was für eines mit einem Partner in einem fremden Erdteil mittels Satellitenfunk, um Mitmenschlichkeit, Verständnis und vielleicht sogar Liebe zu fördern. Aber was alles gehörte dazu, um zu sagen, wie man die Wirtschaft im großen und ihre Produktionsverhältnisse organisieren sollte, so daß sowohl das Produkt wie die Bedingungen seiner Herstellung der wirklich humanen Integration dienen? Man hat den Eindruck, daß wir im ganzen noch weit davon entfernt sind, darüber so gründlich nachzudenken, daß der Gedanke an die Wirklichkeit tatsächlich herankommt und er jene Veränderung bewirken kann, die man um des menschenwürdigen Lebens willen wünschen muß. Aber immerhin sind manche Gedanken und Bestrebungen schon in Gang gekommen, und die Aufmerksamkeit ist für dieses große Aufgabenfeld geweckt worden, das auch und gerade ein Aufgabenfeld der Christen ist. Denn wem stünde es besser an, hier in gemeinsamer und geduldiger Anstrengung positive Modelle einer menschenwürdigen Produktion etwa zu entwerfen als jener Minderheit, die das alte Erbe ursprünglicher humaner Integration in dieser modernen sekundären Welt bewahrt hat? Durch eine solche Anstrengung könnte vielleicht doch der gefährliche Abstand der Kulturen verringert werden, und die hocheffiziente Rationalität der modernen Gesellschaft könnte vielleicht mit den Kräften der primären menschlichen Gesellschaft durchdrungen und dadurch human integriert werden, wie andererseits die große archaische Ordnung zugleich effizient werden und ohne Verlust zur modernen Welt und ihren Wundern und Gefahren vordringen könnte.

Was man so andeuten kann, sind erste Skizzen einer neuen Welt. Was man solchen Andeutungen folgend vielleicht wirklich machen kann, sind einstweilen nur tastende Beiträge zu dieser von uns ersehnten und neuen Welt. Die Aufgabe als Ganzes ist ungeheuer: Aus einer ehrwürdigen, vieltausendjährigen ersten Welt und einer gewaltigen, wenige hundert Jahre alten zweiten Welt etwas ganz Neues zu machen, sozusagen eine dritte Welt und darin das bisher scheinbar Unmögliche heraufzuführen, die Durchdringung alles technisch-rationalen Wesens und alles autonomen und seiner selbst scheinbar sicheren Menschentums mit den vollen und ursprünglichen Kräften, die den Menschen auf ihren Wegen mitgegeben sind. Das wird nicht in wenigen Jahren und wohl auch nicht in wenigen Jahrzehnten gelingen können. Aber wir, und gerade auch wir Christen haben die Aufgabe, daran zu arbeiten; denn wir vertreten jene ursprüngliche, von göttlichen Kräften durchdrungene Welt, die dazu berufen ist, auch die große technische Welt zu erreichen, zu erfüllen, zu beleben und zu erneuern in der Kraft Gottes und so einem sich erneuernden Menschentum zuzustreben.

In dem berühmten Essay Heinrich von Kleists über das Marionettentheater, in dem das dialektische Verhältnis von Reflexion und Grazie erläutert wird, ist vermutlich von solchen Dingen die Rede[21]. Die Reflexion, die Frucht vom Baum der Erkenntnis, wie es hier auch heißt, vertritt die ganze moderne Welt. Die Grazie, die hier zunächst ästhetisch gemeint ist, die aber gerade auch religiös verstanden werden kann, vertritt die große, ursprüngliche Welt. Es kommt nach diesem Essay darauf an, daß wir nicht einfach um- und zurückkehren in die frühere Welt, das geht nicht. Kleist benützt, um dies auszudrükken, die biblische Geschichte von der Vertreibung aus dem Paradies. Nachdem Adam vom Baum der Erkenntnis gegessen hat, muß er das

[21] H. v. Kleist, Sämtliche Werke und Briefe, hrsg. v. H. Sembdner, Bd. 2, 4. Aufl. München 1965, S. 338–345.

Paradies verlassen. Er möchte gerne dahin zurückkehren, denn er hat es zwar verlassen, aber nicht ganz vergessen. Aber er muß sich nun gleichsam durch die Unendlichkeit der ganzen modernen Welt hindurcharbeiten, um wieder in den Stand der Unschuld zu kommen. Am Schluß dieses Essays wird gesagt, das sei das letzte Kapitel der Geschichte der Welt. Dieser Text deutet im Symbol die tatsächliche Geschichte der Integration an. Diese neue Welt kann nur erreicht werden im Durchgang und in der Durcharbeitung der zweiten Welt mit den Kräften der ersten Welt im Herzen.

Dann aber darf man vielleicht sogar davon träumen, wie die neue dritte Welt aussehen könnte, wäre sie erst einmal bereitet und dann nach langer Mühe herangewachsen. Vielleicht hat sogar Karl Marx davon geträumt, wenn er als sein letztes Anliegen die Entwickung des Reichtums der menschlichen Natur bezeichnete [22].

Hätte er nur geahnt, welches eigentlich der Reichtum, vor allem auch der religiöse Reich-

[22] So zitiert bei Ernst Bloch, Das Prinzip Hoffnung, Frankfurt/M. 1959, 2. Band, S. 1628.

tum der ursprünglich menschlichen Natur gewesen ist! Aber dies war ihm versagt. Vielleicht hat Ernst Bloch davon geträumt in den berühmten Schlußsätzen des Prinzips Hoffnung, wo er sagt, der Mensch lebe noch überall in der Vorgeschichte und stehe noch vor der Erschaffung der Welt[23].

Dabei ist gewiß auch an das neue technisch-rationale Menschentum zu denken. Könnte seine großartige Entwicklung nicht, so könnte man Ernst Bloch verstehen, bis heute etwas wie ein Kindheits- und Pubertätsstadium sein, also erst die Vorbereitung auf die volle menschliche Reife dieser Welt der Computer, der Satelliten und der Atomwaffen? Vielleicht ist Karl Marx ein großes Zeichen einer Reifungskrise, ein Alarmruf, der kundtut, daß es Zeit ist, an eine neue und menschlichere und damit auch göttlichere Welt zu denken. Wir Christen sollten zusammen mit anderen Religionen und mit anderen Menschen guten Willens daran arbeiten.

Die neue Welt wird nicht gefunden werden können im Rückgang hinter die Entwicklung, in die vortechnische Welt. Wir erinnern noch

[23] Ernst Bloch, a.a.O.

einmal an die Kleistsche Interpretation der biblischen Urgeschichte. Nachdem Adam von dem neuen Baum der neuen Erkenntnis gegessen hat, kann er nicht mehr zurückkehren in das vortechnische Paradies. Aber er kann weiterschreiten bis zu dem kritischen Punkt, von dem aus Wissenschaft und Technik nicht mehr blind weitergetrieben werden, vielmehr vielleicht eine neue Gangart einschlagen lernen, so daß die Rationalität gleichsam singen lernt und die großen Werke der Technik leicht werden und zu tanzen beginnen. So daß das, was (nach Ernst Bloch) allen in die Kindheit scheint und wo noch niemand war, zu erscheinen beginnt, und zwar innerhalb dieser unserer modernen Welt. Man darf davon träumen und darauf hoffen, daß dies das Paradies vor uns sein könnte, nachdem wir das Paradies hinter uns verlassen haben.

Christen vor allem sollten in der Richtung solcher, vielleicht utopisch träumerischen Entwürfe Schritte wagen und Arbeit verrrichten aus Liebe zu den Menschen und aus Liebe zu Gott, der unter uns Menschen erschienen ist und der wiederum erscheinen will. Und wir Christen sollten dabei wissen, was Karl Marx nicht gewußt hat: daß alle Schritte von uns

Menschen und auch von uns Christen in der Richtung auf eine neue menschenwürdige Welt ebenso notwendig wie vorläufig sind und daß auch unser Bestes nicht das Endgültige sein kann.

Die Vollendung dessen, was im vollsten Sinne menschenwürdig ist, liegt nicht in des Menschen Hand. Das lehrt uns nicht nur eine kritische Besinnung auf die unaufhörliche Unruhe der menschlichen Geschichte. Das lehrt uns Christen deutlicher noch die Offenbarung Gottes. Die Vollendung liegt in Gottes Hand und bleibt seinem letzten Gericht und seiner letzten Gnade vorbehalten. Wir sollen im Blick auf diese verheißene Vollendung arbeiten, und die Richtung der Arbeit ist uns gewiesen. Aber wir werden – um wieder mit der Bibel zu sprechen – nicht fertigwerden mit den Stätten Israels, bis der Menschensohn kommt. D. h. wir werden nicht fertig werden mit den menschlichen Problemen, die unsere Welt uns immer wieder neu aufgibt. Und darum haben wir immer weiter zu arbeiten und nie stehen zu bleiben und nie zufrieden zu sein. Und die Diktatur des angeblich Guten, das wir glauben, fertig im Griff zu haben, ist uns nicht erlaubt. Das letzte Wort in der Sache der Menschenwürdigkeit hat Gott allein. Aber wir müssen die immer vorletzten Worte immer neu suchen und auch aussprechen, um durch die Größe und die Verwirrungen der Geschichte hindurch dem letzten Wort mit brennenden Lampen entgegengehen zu können.